国家社会科学基金一般项目(17BGJ005)

基于大数据分析的"一带一路"沿线国家机遇与风险评估研究

周华任 等 编著

东南大学出版社
SOUTHEAST UNIVERSITY PRESS
·南京·

图书在版编目(CIP)数据

基于大数据分析的"一带一路"沿线国家机遇与风险评估研究 / 周华任等编著. — 南京：东南大学出版社，2024.7

ISBN 978-7-5766-1331-5

Ⅰ.①基… Ⅱ.①周… Ⅲ.①"一带一路"-经济发展-研究-世界 Ⅳ.①F125

中国国家版本馆 CIP 数据核字(2024)第 052819 号

责任编辑：宋华莉　责任校对：张万莹　封面设计：王　玥　责任印制：周荣虎

基于大数据分析的"一带一路"沿线国家机遇与风险评估研究
Jiyu Dashuju Fenxi De "Yidaiyilu" Yanxian Guojia Jiyu Yu Fengxian Pinggu Yanjiu

编　　著	周华任　等
出版发行	东南大学出版社
出 版 人	白云飞
社　　址	南京市四牌楼 2 号(邮编：210096　电话：025 - 83793330)
经　　销	全国各地新华书店
印　　刷	广东虎彩云印刷有限公司
开　　本	700 mm×1000 mm　1/16
印　　张	9
字　　数	162 千字
版　　次	2024 年 7 月第 1 版
印　　次	2024 年 7 月第 1 次印刷
书　　号	ISBN 978-7-5766-1331-5
定　　价	58.00 元

本社图书若有印装质量问题，请直接与营销部调换。电话(传真)：025 - 83791830

参与编写人员

周华任　王　刚　刘守生　庞秀梅
王俐莉　穆　松　张　燕　徐　兵
顾秀松　汪　鹏　马凤丽　李晓丽
周　梦

前言

本书是基于国家社会科学基金一般项目(批准号:17BGJ005)《基于大数据分析的"一带一路"沿线国家机遇与风险评估研究》的部分研究工作所凝练的成果。

"一带一路"倡议自 2013 年被提出来即得到了国际社会的广泛响应,"一带一路"沿线 60 多个国家大部分是发展中国家,各个国家的相对比较优势不同,其利益诉求也不同。因此,分析、研判和评估"一带一路"沿线国家所蕴含的各种机遇以及风险对促进"一带一路"倡议的实施,对中国企业的决策有一定的参考价值。

本书建立了经济风险分析的经济发展量、经济效益和经济开放度 3 大类指标的指标体系,运用理想点法,基于基础数据对"一带一路"沿线国家经济基础风险进行分级分类,并且提出了"一带一路"沿线国家经济基础风险防范策略。

本书建立了基于政治风险、金融风险、经济风险和社会风险及其二级指标的"一带一路"沿线国家的国家风险评估指标体系,并采用层次分析法对"一带一路"沿线国家的国家风险建立定量评估模型,基于相关数据对"一带一路"沿线国家的国家风险建立定量评估模型,并对其进行分级分类,且提出了"一带一路"沿线国家的国家风险控制策略。

本书分析了我国陆上能源通道相关的沿线国家风险概率因素,建立了评估指标体系,构建 AHP-GRAP 方法的评估模型,基于我国陆上能源通道沿线国家的基础数据,得到各能源通道风险状况,结合陆上能源通道风险评估结果的分析,提出了我国陆上能源进出口和相关建设的安全规避措施及建议。

本书运用 SWOT 分析法来综合研究"一带一路"沿线国家的机遇与风险,把"一带一路"沿线国家的机遇、威胁、优势和劣势等各种因素相互匹配起来加以分析,在基于合作博弈的架构下,分析结果对"一带一路"沿线国家的机遇捕捉和风险规避具有较强的针对性、决策性和可操作性。

本书建立了"一带一路"沿线国家机遇评估指标体系,探讨了机遇综合评价模型和基于风险阈值规避优先权的机遇评估决策树模型。

面对"一带一路"沿线国家的机遇与风险,主要从加强战略外交工作,全力拓展主要机遇,加强规避严重风险,基于合作博弈的"一带一路"倡议下的海外利益保障等几个方面,给出了加强"一带一路"倡议发展对策、措施及相关建议。

本书由周华任、王刚、刘守生、庞秀梅、王俐莉、穆松、张燕、徐兵、顾秀松、汪鹏、马凤丽、李晓丽、周梦等编著。在研究过程中,本书得到了陆军工程大学周雷副校长和史小敏副校长的指导,以及科研学术处付东浩、陈飞琼、余欢翔参谋的帮助;基础部汪泽焱主任、潘炜协理员、毛自森副主任、李延标副主任、姚佳参谋,基础教学教研室的刘希强主任、陈桂东教授、李静副主任、怀开展副主任给予了大力支持;同时基础数学教研室全体同事以及陆军工程大学大学生数学建模团队也给予了支持和帮助,在此一并表示感谢。

由于作者水平有限,疏漏之处在所难免,敬请读者批评指正。

目录

第1章 绪论 ·· 001
- 1.1 研究背景 ·· 002
- 1.2 相关概念界定 ·· 002
  - 1.2.1 "一带一路" ··· 002
  - 1.2.2 机遇评估 ·· 002
  - 1.2.3 风险评估 ·· 002
  - 1.2.4 陆上能源通道 ·· 002
- 1.3 国内外研究现状 ·· 003
  - 1.3.1 国外研究现状 ·· 003
  - 1.3.2 国内研究现状 ·· 003
- 1.4 "一带一路"沿线国家机遇与风险评估的思维流程 ············ 008
- 1.5 研究方法 ·· 009
- 1.6 创新点 ··· 010
- 1.7 章节安排 ·· 010

第2章 "一带一路"顶层框架与"一带一路"沿线国家机遇、风险概述 ······ 013
- 2.1 "一带一路"的顶层框架 ··· 014
- 2.2 "一带一路"沿线国家的机遇特征 ·································· 014
- 2.3 "一带一路"沿线国家的风险分析 ·································· 015
  - 2.3.1 风险的定义 ··· 015
  - 2.3.2 "一带一路"沿线国家的风险特征 ························ 015

第3章 基于理想点法的"一带一路"沿线国家经济基础风险评估 ········ 017
3.1 建立基于理想点法的经济风险指标体系 ············· 018
3.2 基于理想点法"一带一路"沿线国家经济基础风险评估模型建立与求解 ············· 020
3.2.1 "一带一路"沿线国家经济基础风险理想点法 ············· 020
3.2.2 "一带一路"沿线国家样本的选择 ············· 021
3.2.3 基于理想点法的评估 ············· 022
3.2.4 基于理想点法的"一带一路"沿线国家经济基础风险评估 ············· 028
3.3 基于理想点法的"一带一路"沿线国家经济基础风险防范策略 ············· 029

第4章 基于层次分析法的"一带一路"沿线国家的国家风险评估 ········ 031
4.1 基于层次分析法的定性评估模型的建立与求解 ············· 032
4.1.1 指标体系的建立 ············· 032
4.1.2 "一带一路"沿线国家的国家风险评估模型的建立 ············· 032
4.2 基于层次分析法的定量评估模型建立及求解 ············· 041
4.2.1 各国指标的无量纲化 ············· 041
4.2.2 各国风险评估值的求解 ············· 050
4.3 基于层次分析法的"一带一路"沿线国家的国家风险控制策略 ············· 052
4.3.1 政治风险控制策略 ············· 052
4.3.2 金融、经济风险控制策略 ············· 053
4.3.3 社会风险控制策略 ············· 053

第5章 基于AHP-GRAP方法的"一带一路"倡议下我国陆上能源通道风险评估 ········ 055
5.1 我国陆上能源通道概况 ············· 056
5.1.1 东北方向 ············· 057

5.1.2　西北方向 ………………………………………………… 058
　　　5.1.3　西南方向 ………………………………………………… 059
　5.2　陆上能源通道主要参数汇总 ………………………………………… 060
　5.3　风险评估总体思路与指标体系建立 ………………………………… 060
　5.4　基于 AHP-GRAP 方法的风险概率评估模型 ……………………… 062
　5.5　陆上能源通道风险评估实证研究 …………………………………… 064
　　　5.5.1　陆上能源通道风险概率评估过程 ……………………… 066
　　　5.5.2　陆上能源通道风险概率评估 …………………………… 070
　　　5.5.3　陆上能源通道风险评估及结果分析 …………………… 071
　5.6　对策建议 ………………………………………………………………… 075

第 6 章　基于 SWOT 分析法的"一带一路"沿线国家机遇与风险评估研究 …… 077

　6.1　SWOT 分析法 …………………………………………………………… 078
　6.2　基于 SWOT 分析法的"一带一路"沿线国家机遇与风险评价 … 078
　　　6.2.1　基于 SWOT 分析法的"一带一路"沿线国家机遇与风险
　　　　　　评价因素分析 ………………………………………………… 078
　　　6.2.2　"一带一路"沿线国家的机遇与风险 SWOT 决策模型 … 080
　6.3　结论 ……………………………………………………………………… 081
　6.4　制定"一带一路"沿线国家的机遇捕捉和风险防范策略 ………… 082

第 7 章　"一带一路"沿线国家机遇与风险综合评估 ………………………… 083

　7.1　多目标处理方法 ………………………………………………………… 084
　7.2　"一带一路"沿线国家机遇因素分析 ………………………………… 085
　　　7.2.1　经贸合作 …………………………………………………… 085
　　　7.2.2　互联互通 …………………………………………………… 086
　　　7.2.3　能源建设 …………………………………………………… 086
　　　7.2.4　文化旅游交流 ……………………………………………… 087
　　　7.2.5　基础设施建设 ……………………………………………… 087
　　　7.2.6　医疗卫生防疫合作 ………………………………………… 088
　7.3　"一带一路"沿线国家综合评估模型 ………………………………… 088

  7.3.1 TOPSIS 评估方法 ·················· 088
  7.3.2 机遇综合评估模型 ················ 090
7.4 基于风险阈值规避优先权的机遇评估决策树模型 ········· 091
7.5 面对"一带一路"沿线国家的机遇与风险,推进"一带一路"倡议发展对策建议 ················ 092
  7.5.1 加强战略外交工作 ················ 092
  7.5.2 全力拓展主要机遇 ················ 093
  7.5.3 针对严重风险,加强规避 ············ 093
  7.5.4 基于合作博弈的"一带一路"倡议下的海外利益保障 ······ 094

第 8 章 总结与展望 ······················ 095
 8.1 决策建议 ···························· 096
 8.2 展望 ····························· 098

参考文献 ································ 099
附录 1 判断矩阵的一致性检验代码 ············· 107
附录 2 陆上能源通道沿线国家原始指标数据 ········· 111
附录 3 关联系数矩阵、各层指标权重及一致性检验 MATLAB 计算 ······ 123
主要阶段性成果 ···························· 133

第1章

绪 论

1.1 研究背景

"一带一路"倡议自2013年被提出来即得到了国际社会的广泛响应,"一带一路"沿线60多个国家大部分是发展中国家,各个国家的相对比较优势不同,其利益诉求也不同。因此,对"一带一路"沿线国家所蕴含的各种机遇以及风险进行分析、研判和评估,对促进"一带一路"倡议的实施,对中国的企业的决策有一定的参考价值。

1.2 相关概念界定

1.2.1 "一带一路"

"一带一路"(the Belt and Road,缩写B&R)是"丝绸之路经济带和21世纪海上丝绸之路"的简称,2013年9月和10月建设"新丝绸之路经济带"和"21世纪海上丝绸之路"的合作倡议分别被提出。2015年3月28日,国家发展改革委、外交部、商务部联合发布了《推动共建丝绸之路经济带和21世纪海上丝绸之路的愿景与行动》,共建"一带一路"的总体思路是秉持和平合作、开放包容、互学互鉴、互利共赢的理念,以政策沟通、设施联通、贸易畅通、资金融通、民心相通等"五通"为主要内容,全方位推进务实合作,打造政治互信、经济融合、文化包容的利益共同体、责任共同体和命运共同体。

1.2.2 机遇评估

"一带一路"沿线国家机遇,指的是"一带一路"沿线国家与我国商贸往来、能源开发合作,以及基础设施建设和技术相通等所带来的需求推动我国资本、技术与产能的有序输出提供现实性和可能性,为我国企业开展境外投资提供了发展空间。评估则是指根据一定的目标和标准对评估客体进行认识的活动,是意识对存在的一种反映。随着综合评估方法、数理统计方法和计算机应用的发展与深入,量化评估能从实际客体的指标数据出发,分析得到较为客观的结论。

1.2.3 风险评估

"一带一路"沿线国家风险,是指"一带一路"沿线国家的内部和外部的原因,有可能造成我国企业的投资损失。风险评估即是对风险的各种因素进行评估。

1.2.4 陆上能源通道

从全球能源供需及分布格局来看,中东地区、非洲和独联体国家为主要出口地区,亚太地区、中东欧和南亚为主要进口地区,这决定了全球能源必将发生

第1章 绪论

跨区域调度,能源通道应运而生。能源通道是指以运输能源为目的的各类畅通的渠道,一般可划分为海上通道和陆上通道。尽管海上通道仍是全球能源运输中最重要的方式,但陆上通道作为一项具有战略意义的重要补充,逐渐受到世界能源消耗大国的重视。陆上能源通道主要包括管道、铁路和公路等渠道。其中,管道是全球陆上能源运输中最主要的渠道,具有安全性高、单位成本低和运输量大等特点。

1.3 国内外研究现状

1.3.1 国外研究现状

国外一些学者认为"一带一路"有力地推动合作各方经济发展(Odgaard 和 Delman[1]);另一些学者认为"一带一路"倡议强化了中国与东南亚(O'Trakoun[2])与欧洲(Pardo[3]),以及非洲(Asongu 和 Aminkeng[4])之间的联系,促进了中国与各个合作伙伴之间的联系,增进了世界各国之间的连通性。

2015年英国的经济学人集团(The Economist Group)的智库出版了研究报告《愿景与挑战——"一带一路"沿线国家风险评估》[5],该研究报告对全球各国的基础设施、政治稳定性、安全风险、法律和监管风险、政府效能、环境风险、劳动力市场风险、税收风险、金融风险、外贸及支付风险、宏观经济风险等风险进行了介绍,并对几个风险情境范例用不同的方法进行了分析,但是并没有给出一个关于风险研究的普适性的模型和方法。

1.3.2 国内研究现状

2013年下半年以来,国内学者从不同的具体视角探讨"一带一路"沿线国家的机遇和风险相关问题。

在"一带一路"沿线国家的机遇评估方面的研究主要有:

---

[1] Odgaard O, Delman J. China's energy security and its challenges towards 2035[J]. Energy Policy, 2014, 71:107-117.

[2] O'Trakoun J. China's Belt and Road initiative and regional perceptions of China[J]. Business Economics, 2018, 53(1):17-24.

[3] Pardo R P. Europe's financial security and Chinese economic statecraft: the case of the Belt and Road Initiative[J]. Asia Europe Journal, 2018, 16(3):237-250.

[4] Asongu S A, Aminkeng G A A. The economic consequences of China - Africa relations: debunking myths in the debate[J]. Journal of Chinese Economic and Business Studies, 2013, 11(4):261-277.

[5] 经济学人智库.愿景与挑战:"一带一路"沿线国家风险评估[EB/OL].(2015-04-24)[2023-02-22]http://www.china.com.cn/opinion/think/2015-04/24/content_35407838.htm.

(1) 贸易和通商机遇:孔庆峰和董虹蔚[1]研究得出"一带一路"的倡议带来的贸易便利可以激发"一带一路"沿线国家的贸易潜力。霍忻和包国军[2]的研究表明,我国与"一带一路"沿线国家间双边贸易的正向影响因素包括经济规模、需求水平、港口基础设施水平、物流绩效指数、国际组织加入情况以及双边互认协议签署情况。较远的地理距离和较长的通关时间均不利于双边贸易的高效运行;制度因素对双边贸易影响显著,但存在正负交替特征,主要归因于"一带一路"沿线国家制度体系的较大差异和不稳定。

(2) 通路通航机遇:陈铮[3]指出"一带一路"倡议能促进国际多式联运的物流公司优化方案设计趋于成熟;蒋浩天[4]研究得出中欧班列在市场需求、地缘政治、运输组织、运营机制、人才培养等方面面临的挑战,并提出相关的解决措施和建议。

(3) 能源建设机遇:武芳[5]的研究表明,能源不足是阻碍大多数"一带一路"沿线国家经济社会发展的因素之一,并给出建议:中国企业应抓住契机,充分利用自身优势,加速新能源产业在"一带一路"沿线国家和地区的布局,在国际竞争中进一步扩大领先优势。

(4) 信息产业机遇:李一丹和刘倩[6]的研究表明,信息产业可以促进国家的经济发展。该文以"一带一路"沿线国家中的 16 个国家为样本,得出信息产业可以促进"一带一路"沿线国家的经济发展。

(5) 文化交流机遇:卜晶晶[7]对中国与阿拉伯国家的文化交流现状进行梳理,针对"一带一路"倡议下中国与阿拉伯国家在文化交流方面所面临的问题加以分析,并提出推动中阿文化交流的途径。

(6) 其他机遇:袁明哲[8]研究得出元宇宙将为"一带一路"科技合作带来新的机遇;元宇宙不仅会影响相关合作国家的表现与选择,也会增加合作国家对

---

[1] 孔庆峰,董虹蔚."一带一路"国家的贸易便利化水平测算与贸易潜力研究[J].国际贸易问题,2015(12):158-168.

[2] 霍忻,包国军."一带一路"倡议下中国对外贸易的国别影响因素分析[J].统计与决策,2022,38(18):161-165.

[3] 陈铮."一带一路"背景下 A 公司物流方案优化研究[D].苏州:苏州大学,2019.

[4] 蒋浩天."一带一路"背景下中欧班列的发展:挑战与应对[D].北京:外交学院,2021.

[5] 武芳.中国参与"一带一路"新能源合作的现状与展望[J].中国远洋海运,2022(10):60-62,10.

[6] 李一丹,刘倩."一带一路"沿线国家信息产业对经济的促进作用研究[J].中国经贸导刊(中),2018(23):8-10.

[7] 卜晶晶."一带一路"倡议下中国与阿拉伯国家文化交流研究[J].中阿科技论坛,2022(2):12-15.

[8] 袁明哲.元宇宙与"一带一路"科技合作的机遇与挑战[J].产业创新研究,2022(12):12-14.

安全的考量,还会对政府治理提出更高的要求。谢五届、吴美菊和陶玉国[1]研究得出"一带一路"倡议为中国城市旅游发展提供了难得的机遇,主要表现在:① 构筑了主要节点城市旅游有机网络系统;② 提升和扩大了节点城市旅游区位条件和空间范围;③ 凸显了旅游核心节点城市的中心地位。

学者们从不同的具体学科和视角探讨了"一带一路"沿线国家的风险评估,主要有:

(1) 政治风险:阴医文等[2],张晓通、许子豪[3],陈积敏[4]等,他们的代表性观点为"一带一路"中的地缘政治风险主要分为三类:一是恐怖主义和极端势力的不断渗透;二是因领土纠纷而引发的大国博弈;三是国家政局不稳定。大多数学者认为"一带一路"沿线国家政治风险的持续攀升会对中国企业在"一带一路"沿线国家的投资活动造成影响;地缘政治风险较高时甚至会放缓中国企业"走出去"的步伐。

(2) 安全风险:闵捷[5]研究得出"一带一路"背景下,伊拉克的安全风险主要包括伊拉克教派政治日益凸显出"黎巴嫩化"、外部势力强势渗入伊拉克教派政治中、不断外溢的伊拉克教派政治危机,而阿富汗面临的主要安全风险是恐怖主义威胁、外部势力干涉等。

(3) 经济风险:陈群[6]从宏观和微观两个层面对"一带一路"沿线国家的经济安全风险进行了深入分析,分析发现:从宏观层面上看,部分"一带一路"沿线国家的经济发展水平、基础设施建设、司法独立性与发达国家相比存在较大差距;从微观层面上看,中国企业在"一带一路"沿线国家的恶性竞争对企业的可持续发展产生了严重威胁,中国企业的技术水平落后导致其在国际市场上缺乏竞争力。

(4) 外交风险:马梦琦和李芳[7]的研究表明,"一带一路"倡议背景下的经济

---

[1] 谢五届,吴美菊,陶玉国."一带一路"倡议下中国城市旅游发展机遇与路径[J].中国名城,2022,36(5):40-46.
[2] 阴医文,汪思源,付甜."丝绸之路经济带"背景下中国对中亚直接投资:演进特征、政治风险与对策[J].国际贸易,2019(6):79-86.
[3] 张晓通,许子豪."一带一路"海外重大项目的地缘政治风险与应对:概念与理论构建[J].国际展望,2020,12(3):80-96,156.
[4] 陈积敏."一带一路"建设的地缘政治风险及战略应对[J].中国经贸导刊,2017(21):9-12.
[5] 闵捷."一带一路"倡议下中国-伊拉克安全风险防范研究[J].世界宗教文化,2018(5):27-32.
[6] 陈群."一带一路"背景下经济安全风险分析及应对[J].经济研究导刊,2020(10):53-54.
[7] 马梦琦,李芳."一带一路"倡议进程中的经济外交风险及应对策略研究[J].决策探索(下),2018(5):10.

外交风险主要包括三大类：一是沿线国家对"一带一路"倡议的误解；二是容易和世界原有大国产生摩擦；三是经济收益和风险难以预估。

（5）公共卫生风险：韩永辉和陈宇轩[①]研究了公共卫生事件引发的"一带一路"沿线国家的风险分析，该文以埃及为案例，说明了如何规避风险，并帮助企业面对疫情风险。

（6）自然灾害风险：王紫薇等[②]基于"一带一路"沿线地区的洪涝、干旱、风暴、地震4类主要自然灾害的历史数据，提出灾害数据空间尺度下推方法，构建了基于省级尺度的灾害数据库，从灾害发生频次与灾害损失的角度，探讨了"一带一路"沿线地区主要灾害危险性和人口、经济损失的空间分布特征以及综合灾损高值区的主导灾害。

（7）地缘生态风险：肖方昕和张晓通[③]从地缘的角度分析了在非洲修建铁路面临的地缘风险及其相关措施。

还有从管理风险、环境风险等也会对中国在沿线国家的直接投资产生不利的影响。

国家社会科学基金委也从多角度资助"一带一路"沿线国家机遇与风险方面的研究，2014年以来国家社科基金项目有关"一带一路"沿线国家机遇与风险方面的项目如表1-1所示[④]。

表1-1　2014年以来有关"一带一路"沿线国家机遇与风险的国家社会科学基金项目

项目编号	项目级别	学科专业	项目名称	立项时间	项目负责人
21BGJ059	一般项目	国际问题研究	新发展格局下中巴经济走廊建设与"一带一路"在南亚的推进研究	2021-09-24	李慧玲
21BGJ046	一般项目	国际问题研究	"一带一路"沿线我国重大能源项目风险形成机理、多维辨识及绿色治理研究	2021-09-24	万安霞
21BGJ036	一般项目	国际问题研究	"一带一路"国家金融风险传导及防范对策研究	2021-09-24	孙立梅

[①] 韩永辉，陈宇轩.埃及投资机遇及风险分析[J].中国国情国力，2020(7)：63-64.

[②] 王紫薇，蔡红艳，段兆轩，等."一带一路"沿线地区自然灾害危险性与灾损空间格局研究[J].地理研究，2022,41(7)：2016-2029.

[③] 肖方昕，张晓通.中国在非洲铁路建设的地缘政治风险及应对[J].国际关系研究，2020(3)：39-67,155-156.

[④] 国家社科基金项目数据库[DB/OL].[2023-02-23]http://fz.people.com.cn/skygb/sk/index.php/Index/seach.

续表

项目编号	项目级别	学科专业	项目名称	立项时间	项目负责人
21BGJ041	一般项目	国际问题研究	RCEP中小企业规则给我国中小民营企业带来的机遇、挑战与应对策略研究	2021-09-24	刘道学
19FJLB038	后期资助项目	理论经济	"一带一路"沿线基础设施投资问题研究	2019-10-16	李建军
19BGJ024	一般项目	国际问题研究	"一带一路"倡议下中国海外港口投资风险评估、预警与防范研究	2019-07-15	邵言波
19BTJ036	一般项目	统计学	"一带一路"沿线国家投资风险的统计研究	2019-07-15	刘永辉
19XGJ004	西部项目	国际问题研究	"一带一路"环境风险防范的绿色治理对策研究	2019-07-15	杨达
19BJL111	一般项目	理论经济	"一带一路"建设中园区走出去带动对外直接投资的实现路径研究	2019-07-15	尹亚红
19AGL004	重点项目	管理学	中国跨国企业应对"一带一路"延伸国家政治风险的战略反应研究	2019-07-15	杜晓君
19XJY015	西部项目	应用经济	中国企业对"一带一路"沿线国家投资的风险传染机制研究	2019-07-15	朱念
16XGJ010	西部项目	国际问题研究	"一带一路"战略风险及系统应对研究	2016-06-30	杨达
18CGJ033	青年项目	国际问题研究	印巴冲突对"一带一路"的影响及对策研究	2018-06-21	丁建军
18CGJ023	青年项目	国际问题研究	"一带一路"倡议在以色列推进的重点与难点研究	2018-06-21	李玮
18BJY169	一般项目	应用经济	"一带一路"中欧班列沿线国家铁路货运价格比较及中国标准研究	2018-06-20	冯芬玲
18BJL112	一般项目	理论经济	"一带一路"倡议下中欧班列开通对沿线城市贸易增长与FDI流入效应研究	2018-06-21	周学仁
18BGJ018	一般项目	国际问题研究	"一带一路"倡议与沿线重要支点国家发展战略对接的机理与路径研究	2018-06-20	王睿
18AGJ008	重点项目	国际问题研究	"一带一路"倡议在欧盟遭遇的挑战与对策研究	2018-06-20	石坚
17AGJ001	重点项目	国际问题研究	"一带一路"沿线国家的族群冲突与中国海外利益的维护研究	2017-07-03	熊易寒
17BJY029	一般项目	应用经济	"一带一路"背景下中国企业对外投资风险防控研究	2017-07-03	黄娟
17CGJ026	青年项目	国际问题研究	"一带一路"背景下中国对外直接投资的国家形象构建研究	2017-06-30	蓝茵茵

续表

项目编号	项目级别	学科专业	项目名称	立项时间	项目负责人
15AZD007	重点项目		"一带一路"战略实施合理路径研究	2015-07-31	董雪兵
15BGJ022	一般项目	国际问题研究	我国能源安全与"一带一路"能源合作研究	2015-06-16	张建新
14XGJ002	西部项目	国际问题研究	"一带一路"战略下推进中国-东盟互联互通对策研究	2014-06-13	罗圣荣

在立项的有关"一带一路"沿线国家机遇与风险方面的国家社科基金项目中,存在以下几个方面:

(1) 机遇方面:有关"一带一路"沿线国家的机遇方面的项目非常少。主要有"RCEP中小企业规则给我国中小民营企业带来的机遇、挑战与应对策略研究",其中RCEP是Regional Comprehensive Economic Partnership的简称,是《区域全面经济伙伴关系协定》,它是2012年由东盟发起,由包括中国、日本、韩国、澳大利亚、新西兰和东盟十国共15方成员制定的协定。

(2) 风险方面:有关"一带一路"沿线国家的具体风险方面的项目是热点,具体有能源风险、基础设施建设投资风险、金融风险、海外港口投资风险、对外直接投资风险、政治风险、国家投资风险、族群风险等。

(3) 风险防范、对策及规避方面:有关"一带一路"沿线国家风险防范、对策及规避方面的项目不多,主要有"一带一路"背景下中国企业对外投资风险防控研究、印巴冲突对"一带一路"的影响及对策研究等。

总的来说,目前学术界对于"一带一路"沿线国家的机遇与风险的研究,大多是从定性的角度出发,从某一个方面来探讨"一带一路"沿线国家的机遇和风险问题,而从定量的角度、运用数学模型系统地来研究"一带一路"沿线国家的机遇与风险还很少。

1.4 "一带一路"沿线国家机遇与风险评估的思维流程

对"一带一路"沿线国家机遇和风险进行评估,从以下几个角度来考虑:

(1) 从定性的角度,抓住"一带一路"沿线国家的核心机遇和主要风险来研究。

(2) 从定量的角度,从数据出发,建立综合评估模型,采用数学方法,对"一带一路"沿线国家的机遇和风险进行评估研究。

(3) 从定性和定量相结合的角度,首先要选取合适的评估指标,再通过给出各指标的权重系数矩阵就可以得到各主要风险因素对国家风险的影响程度,对于数学模型建立和数学方法得到的评价结果,需要结合实际背景进行研究。"一带一路"沿线国家机遇和风险评估方法及思路图如图1-1所示。

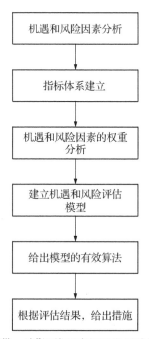

图1-1 "一带一路"沿线国家机遇和风险评估思维框图

1.5 研究方法

本书主要采用以下方法开展研究:

一是文献研究法。本书主要从外文数据库、知网数据库、万方数据库、各类智库和研究院等平台下载相关文献资料,并对资料进行分类整理。

二是定性分析法。对于领域专家而言,他们具备较强的专业底蕴和宝贵的实践经历,对于研究问题的宏观方向一般把握较为准确。本书参考国内外专家对于"一带一路"沿线国家的机遇和风险的因素分析,以及有关事件,从微观层次和宏观层次两方面选取量化指标。

三是数学建模方法。本书从定性和定量相结合的角度,首先选取合适的评估指标,然后建立数学模型,并且求解得到评价结果,最后结合实际背景进行分析,给出相应的对策及建议。

1.6 创新点

本书的主要创新点有以下四个方面：

(1) 本书采用建立模型和利用定性和定量相结合的方法，建立指标体系和评估模型，得出评估结果和相应的对策、建议的总体思路。具体来说，从数据的角度，采用理想点法、层次分析法和 SWOT 方法等来分析"一带一路"沿线国家的机遇与风险。

(2) 基于"风险＝概率×损失"总体评估思路来对我国陆上能源通道风险展开评估研究，并从风险概率和风险损失两个层面剖析各通道风险水平及变化趋势。从通道沿线国家入手评估通道风险概率，综合微观和宏观层面风险来源因素，确定陆上能源通道沿线国家风险概率评估指标体系，建立 AHP-GRAP 模型对陆上能源通道沿线国家风险概率进行实证评估，进而对沿线国家风险概率加权求和，以及依据"风险＝概率×损失"表达式，得到陆上能源通道风险概况，并以量化描述和可视化的方式呈现。

(3) 把"一带一路"沿线国家的机遇与风险统一起来进行研究的思想，有利于对"一带一路"倡议进行合理的实施，促进中国企业与"一带一路"沿线国家的交流、沟通和合作，为中国企业的发展提供有益的参考和分析问题的方法。本书建立了"一带一路"沿线国家的机遇与风险评估指标体系，运用 SWOT 分析法来研究"一带一路"沿线国家的机遇与风险，就是把"一带一路"沿线国家机遇、威胁、优势和劣势等各种因素相互匹配起来加以分析，在基于合作博弈的架构下，其结果对"一带一路"沿线国家的机遇捕捉和风险规避具有很强的针对性、决策性和可操作性。

(4) 建立了"一带一路"沿线国家机遇评估指标体系，建立了基于 TOPSIS 方法的"一带一路"机遇和风险综合评价概念模型。

1.7 章节安排

本书的具体章节安排如下：

第1章　绪论

第2章　"一带一路"顶层框架与"一带一路"沿线国家机遇、风险概述

第3章　基于理想点法的"一带一路"沿线国家经济基础风险评估

第4章　基于层次分析法的"一带一路"沿线国家的国家风险评估

第5章　基于 AHP-GRAP 方法的"一带一路"倡议下我国陆上能源通道风

险评估

  第 6 章　基于 SWOT 分析法的"一带一路"沿线国家机遇与风险评估研究

  第 7 章　"一带一路"沿线国家机遇与风险综合评估

  第 8 章　总结与展望

第 2 章

"一带一路"顶层框架与"一带一路"沿线国家机遇、风险概述

"一带一路"沿线国家的机遇与风险和"一带一路"的顶层框架有着密切的联系,下面对"一带一路"的顶层框架进行说明,并且概述"一带一路"沿线国家的机遇特征和风险分析。

2.1 "一带一路"的顶层框架

"一带一路"的顶层框架[①]如表2-1所示。

表2-1 "一带一路"顶层框架

顶层	具体内容
丝绸之路经济带 三大走向	一是从中国西北、东北经中亚、俄罗斯至欧洲、波罗的海; 二是从中国西北经中亚、西亚至波斯湾、地中海; 三是从中国西南经中南半岛至印度洋
21世纪海上丝绸之路 两大走向	一是从中国沿海港口过南海,经马六甲海峡到印度洋,延伸至欧洲; 二是从中国沿海港口过南海,向南太平洋延伸
六廊	六大国际经济合作走廊:新亚欧大陆桥、中蒙俄经济走廊、中国—中亚—西亚经济走廊、中国—中南半岛经济走廊、中巴经济走廊、孟中印缅经济走廊
六路	公路、铁路、航运、水路、管道、空间综合信息网络,是基础设施互联互通的主要内容

2.2 "一带一路"沿线国家的机遇特征

"一带一路"沿线国家所蕴含的机遇特征可以从以下几个方面来考虑:

(1) 贸易和通商机遇:可以积极推进相互之间各种贸易,包括特色民族产品、经济作物、农副产品、石油、天然气、现代服务、渔业产品、服饰等各方面贸易往来和互利合作。

(2) 通路通航机遇:包括公路或者高速公路、铁路或者高速铁路、水路航运、空中航运等开通带来的机遇,比如欧洲班列为现代物流以及电子商务和电子平台带来的机遇,所以它是优先发展领域,可以加快"一带一路"沿线国家与我国之间的交流和往来。

(3) 能源建设机遇:包括石油、天然气进口管道建设,太阳能电站建设,水电

---

① 中国一带一路网."一带一路"顶层框架[EB/OL].[2022-03-11]https://www.yidaiyilu.gov.cn/ztindex.htm.

站建设、风力发电站建设、电力建设等带来的机遇和产生的效益。

(4) 文化交流机遇:包括宗教、图书出版、电影、电视、旅游等方面交流的机遇。

(5) 基础建设机遇:基础设施建设情况代表在一个国家投资的环境便利程度,而在基础设施建设方面的机遇主要是指与中国合作、中国援助的各种建设项目等涉及劳务输出的可获利机会。

(6) 医疗卫生防疫方面机遇:主要是指中国与"一带一路"沿线国家的医疗物资合作、医务人员的合作以及防疫物资和疫苗合作等。

2.3 "一带一路"沿线国家的风险分析

2.3.1 风险的定义

在学术界,风险问题的研究视角主要有两个:一个是从不确定性的角度,将风险等同于不确定性。1921年美国经济学家奈特在其《风险、不确定性和利润》一书中首次提出风险和不确定性之间的关系,奈特认为概率型事件的不确定性就是风险,非概率型随机事件就是不确定性。另一个是从损失性的角度,将风险看成是一种损失类型。美国学者海斯是第一个从损失性的角度对风险给出其现代定义的,海斯认为风险是损失发生的可能性。

风险问题的两个研究视角分别涉及了风险的两个侧面。总的来说,风险同时具有损失性和不确定性,如果没有损失性,也就没有风险可言了;同时,客观的损失也只是一种可能性,并不是必然的,所以,风险才有可能进行规避。

2.3.2 "一带一路"沿线国家的风险特征

"一带一路"沿线国家的风险可能是由沿线国家的内部、外部或者内部和外部叠加起来的,这都有可能对投资造成损失。"一带一路"沿线国家的风险有如下的特征:

1. "一带一路"涉及地域广阔,人文、社会、地理环境复杂

沿线地缘形势复杂,部分国家局势不稳定,动荡的局势会对相互投资的基础性设施产生不确定性,可持续性发展受到影响,领土争端问题、民族问题、宗教问题、恐怖主义、分裂主义时有发生。对于长期的投资项目前景会带来很大的不确定。

地理环境复杂,海啸、地震等自然灾害和公共卫生事件等突发事件也需要防范。

2. "一带一路"融合多处国际海上重要贸易航线和陆上重要能源输送路线,多方利益博弈交织

"一带一路"融合了国际海上重要贸易航线,比如马六甲海峡、苏伊士运河、

印度洋海上贸易线等,同时融合了陆上重要的输送石油、天然气和电力等能源输送路线。各方的利益诉求不同,尤其是美国、俄罗斯等大国的利益同盟关系不同,各种利益方交织在一起,必然会出现分歧。

3. 濒临多处国际军事热点区,面临威胁形势严峻

"一带一路"沿线国家常常面临政局不稳定,国家和地区之间的领土之争的困境,部分"一带一路"沿线国家之间的局部战争也时有发生。"一带一路"沿线国家时常面临战争及非战争军事行动的威胁,由于军事冲突具有极大的破坏性,因此军事冲突成为"一带一路"最大的威胁和风险。

4. 大国博弈加剧,多级化态势加深

大国之间的博弈会对共建"一带一路"形成限制和约束,美国的战略围堵和俄罗斯的战略猜忌都会带来"一带一路"沿线国家的风险,围绕"一带一路"倡议所形成的机遇,必定会引起多级化态势的加深。

第3章

基于理想点法的"一带一路"沿线国家经济基础风险评估

"一带一路"倡议为国内企业提供了非常多的发展机遇,但是也应当看到未来中国企业对"一带一路"沿线国家的合作与开发项目面临的外部风险也有可能产生。中国对"一带一路"沿线国家投资项目蒙受大的损失的情况也有。所以,应当做好风险评估,选择好"一带一路"沿线国家和地区及其相应的合作项目,以及采取相应的应对措施。"一带一路"沿线国家经济基础风险是所有风险中最常见的。本章采用理想点法来讨论"一带一路"沿线国家经济基础风险评估。

3.1 建立基于理想点法的经济风险指标体系

"一带一路"沿线国家经济基础如何是影响中国企业对外合作与开发项目成功程度很重要的一个方面,建立了基于理想点法的"一带一路"沿线国家经济基础风险评估指标体系,如表3-1所示。评估经济基础风险的指标分为三类,分别为经济发展量、经济效益和经济开放度。其中经济发展量的二级指标选择用GDP总量和人均GDP来反映;经济效益的二级指标选用GDP增速、CPI(Consumer Price Index,居民消费价格指数)和失业率;经济开放度的二级指标选用贸易开放度、投资开放度和资本账户开放度(Chinn-Ito指数)。

表3-1 "一带一路"沿线国家经济基础的风险评估指标体系

评估目标	一级指标	二级量化指标
经济基础	经济发展量	GDP总量
		人均GDP
	经济效益	GDP增速
		CPI
		失业率
	经济开放度	贸易开放度
		投资开放度
		Chinn-Ito指数

其中,具体指标的经济意义如下:

(1) GDP(国内生产总值),国内生产总值是评价一个国家的国民经济的核心要素,是表征衡量一个国家的发展水平和经济形势的非常重要指标。

第3章 基于理想点法的"一带一路"沿线国家经济基础风险评估

（2）人均 GDP(Real GDP per capital)，计算公式为

$$人均 GDP = \frac{GDP 总量}{总人口} \quad (3-1)$$

人均 GDP 是反映一个国家的经济发展形势。

（3）GDP 增速，指的是国内生产总值增长率，用公式可以表示为

$$GDP 增速 = \frac{某个时间段的国内生产总值}{对应的上个时间段的国内生产总值} \quad (3-2)$$

GDP 增速描述了一个国家在一定时间内经济规模和社会财富的增加程度。

（4）贸易开放度，是衡量一个国家某段时期（一般以年为单位）内的进出口总额占当年的 GDP 总量的比重，用公式可以表示为

$$贸易开放度 = \frac{某个国家或者地区的进出口总额}{某个国家或者地区的 GDP 总量} \quad (3-3)$$

贸易开放度是反映一个国家对国际市场依赖状况的重要指标。贸易开放度高说明一个国家对国外市场的依赖性大；相应地，贸易开放度低说明一个国家对国外市场的依赖性小；贸易开放度应当在一个适当范围，贸易开放度不是越高越好，也不是越低越好。贸易开放度过高，本国的经济容易受别的国家的经济的影响。

（5）投资开放度，衡量的是一个国家对外开放和吸纳外部投资的程度。

（6）Chinn-Ito 指数，是反映一个国家的资本账户管制能力，体现的是一个国家的资本账户开放程度和状况的一个数值指标。一个国家的 Chinn-Ito 金融开放指数越小，说明这个国家的金融开放程度越低。

（7）失业率，是指某个国家的失业人数与国家的总人数的比例，即：

$$失业率 = \frac{某个国家的失业人数}{某个国家的总人数} \quad (3-4)$$

失业率反映了一个国家的就业形势。

（8）CPI，即居民消费价格指数。其计算公式为

$$CPI = \frac{固定商品当前的价值}{固定商品某个基准时期的价格} \quad (3-5)$$

CPI 应该是有一个的合理范围，根据每个国家和地区的发展状况以及发展的阶段不同会有不同的范围。我国一般认为不超过 4%，大于 3% 就需要控制了。欧盟国家和地区一般规定要控制在 2% 以下。CPI 反映了一个国家的通货膨胀程度。

3.2 基于理想点法"一带一路"沿线国家经济基础风险评估模型建立与求解

3.2.1 "一带一路"沿线国家经济基础风险理想点法

"一带一路"沿线国家经济基础风险评估理想点法的基本思想是:首先收集"一带一路"沿线国家的反映经济基础风险的 GDP 总量、人均 GDP、GDP 增速、CPI、失业率、贸易开放度、投资开放度和资本账户开放度等 8 个指标的数据,接着把收集的数据归一化后,基于背景分析得出各个指标的理想点值,然后分别计算各评估对象的指标值与各个指标的理想点值的距离,获得各"一带一路"沿线国家与理想点的相对接近程度,接近程度越高,说明风险越小,接近程度越低,说明风险越大。

"一带一路"沿线国家经济基础风险评估理想点法的主要步骤如下:

1. 收集"一带一路"沿线国家的反映经济基础风险 8 个指标的基础数据。

2. 数据标准化:接着把收集的"一带一路"沿线国家的反映经济基础风险 8 个指标的基础数据归一标准化后,构建标准化数据表。"一带一路"沿线国家的反映经济基础风险 8 个指标的基础数据采用 0—1 标准化的方法,根据数据的经济意义,将"一带一路"沿线国家的反映经济基础风险 8 个指标的基础数据进行线性变换,变换主要的类型有:

(1) 指标值越大越好的类型,变换公式为

$$x^* = \frac{x - x_{\min}}{x_{\max} - x_{\min}} \quad (3-6)$$

式中,$x_{\max}$ 为"一带一路"沿线国家的反映经济基础风险 8 个指标的基础数据序列中的最大值,$x_{\min}$ 为"一带一路"沿线国家的反映经济基础风险 8 个指标的基础数据序列中的最小值。

(2) 指标值越小越好的类型,变换公式为

$$x^* = 1 - \frac{x - x_{\min}}{x_{\max} - x_{\min}} \quad (3-7)$$

式中,$x_{\max}$ 为"一带一路"沿线国家的反映经济基础风险 8 个指标的基础数据序列中的最大值,$x_{\min}$ 为"一带一路"沿线国家的反映经济基础风险 8 个指标的基础数据序列中的最小值。

(3) 理想点为一个位于指标值最大值和指标值最小值之间的数值,其数值一般取值在区间[0,1]内,数值越高表示风险越低,数值越低表示风险越高,变

第3章 基于理想点法的"一带一路"沿线国家经济基础风险评估

换公式为

$$x^* = 1 - \left| \frac{x - x_{理想点}}{x_{\max} - x_{\min}} \right| \quad (3-8)$$

式中,x^* 为将 x 进行标准化后的值,$x_{理想点}$ 表示理想点值,合适的值为对应风险最低的指标值,$x_{\max}$ 为"一带一路"沿线国家的反映经济基础风险 8 个指标的基础数据序列中的最大值,$x_{\min}$ 为"一带一路"沿线国家的反映经济基础风险 8 个指标的基础数据序列中的最小值。

3. 求出第 i 个"一带一路"沿线国家与 8 个指标数据的理想点值序列的欧氏距离,分别为

$$D_i = \sqrt{\sum_{j=1}^{m}(1 - Z_{ij})^2} \quad (3-9)$$

4. 最后得出第 i 个"一带一路"沿线国家与 8 个指标数据的理想点值序列的接近程度,依照上述接近程度值得到第 i 个"一带一路"沿线国家的经济基础风险综合评估排序和分级。

3.2.2 "一带一路"沿线国家样本的选择

本书共选择考察 35 个国家。"一带一路"沿线国家经济基础风险评估数据查找搜集的"一带一路"沿线国家经济基础的数据如表 3-2 所示。

表 3-2 "一带一路"沿线国家经济基础的数据

国家	GDP总量/百亿美元	人均GDP/千美元	GDP增速/%	贸易开放度	投资开放度	Chinn-Ito指数	CPI	失业率/%
阿联酋	40.16	44.2	3.61	132.08	3.29	2.39	2.34	3.8
埃及	28.65	3.2	2.2	33.11	1.76	−1.19	10.15	13.1
巴基斯坦	24.69	1.33	5.41	33.86	0.77	−1.19	7.19	6
白俄罗斯	7.61	8.04	1.59	118.82	2.45	−1.19	18.12	5
保加利亚	5.57	7.71	1.71	112.99	5.09	2.39	−1.42	11.8
波兰	54.8	14.42	3.37	76.58	0.01	0.04	0.11	12.3
俄罗斯	186.06	12.74	0.64	53.13	4.16	1.17	7.83	5.2
菲律宾	28.46	2.87	6.1	60.93	4.64	−1.19	4.13	6.8
哈萨克斯坦	21.22	12.28	4.3	48.79	5.04	−1.19	6.72	5.1
吉尔吉斯斯坦	0.74	1.27	3.6	158.4	2.84	−0.67	7.53	8
柬埔寨	1.67	1.05	7.03	169.05	9.14	1.17	3.86	0.3

续表

国家	GDP总量/百亿美元	人均GDP/千美元	GDP增速/%	贸易开放度	投资开放度	Chinn-Ito指数	CPI	失业率/%
捷克	20.55	19.55	1.99	181.71	1.54	2.39	0.34	7.7
老挝	1.18	1.76	7.46	58.69	2.65	−1.19	4.14	1.4
罗马尼亚	19.9	10	1.76	73.37	1.98	2.39	1.07	5.2
马来西亚	32.69	10.93	6.03	135.57	7.85	−1.19	3.14	3
蒙古	1.2	4.13	7.82	89.14	17.48	1.69	13.02	7.7
孟加拉国	17.38	1.09	6.12	40.31	1.45	−1.19	6.99	4.3
缅甸	6.43	1.2	8.5	45.92	4.47	−1.89	5.47	3.4
沙特阿拉伯	74.62	24.16	3.47	78.64	1.8	1.09	6.99	5.7
斯里兰卡	7.49	3.63	7.37	40.18	1.28	−1.19	3.28	4.4
塔吉克斯坦	0.92	1.11	6.7	69.95	1.27	−1.19	6.1	10.7
泰国	37.38	5.52	0.71	150.71	5.5	−1.19	1.9	0.8
土耳其	79.95	10.53	2.87	59.11	2.45	0.04	8.85	10
土库曼斯坦	4.79	9.03	10.3	90	7.46	−1.19	10.97	10.6
乌克兰	13.18	3.08	−6.8	82.16	1.06	−1.89	12.19	9.3
乌兹别克斯坦	6.26	2.04	8.1	51.41	1.9	−1.89	11.73	10.7
希腊	23.76	21.68	0.77	65.51	1.28	2.39	−1.31	26.5
新加坡	30.79	56.29	2.92	343.48	35.14	2.39	1.01	2.7
匈牙利	13.71	13.9	3.64	187.71	14.68	2.39	−0.24	7.7
伊拉克	22.05	6.33	−6.43	59.39	1.78	0	2.24	16
伊朗	41.53	5.32	1.46	46.01	0.62	−0.67	17.24	10.5
以色列	30.42	37.03	2.77	46.42	3.4	2.39	0.48	5.9
印度	206.09	1.6	7.42	52.27	2.14	−1.19	6.35	3.6
印度尼西亚	88.85	3.49	5.02	39.89	4.13	−0.13	6.39	5.9
越南	19.62	2.05	5.98	154.45	6.34	−0.13	4.09	2.1

3.2.3 基于理想点法的评估

根据"一带一路"沿线国家经济基础风险的评估指标经济意义和表3-2得出"一带一路"沿线国家经济基础风险的指标数据理想点值,如表3-3所示。

第3章 基于理想点法的"一带一路"沿线国家经济基础风险评估

表3-3 "一带一路"沿线国家经济基础风险的指标数据理想点值

	GDP总量/百亿美元	人均GDP/千美元	GDP增速/%	贸易开放度	投资开放度	Chinn-Ito指数	CPI/%	失业率/%
最大值	206.09	56.29	10.3	343.48	35.14	2.39	18.12	26.5
最小值	0.74	1.05	-6.8	33.11	0.01	-1.89	-1.42	0.3
理想指标类型	越大越好	越大越好	越大越好	中间值最好	中间值最好	越大越好	中间值最好	越小越好
理想点值	206.09	80	15	100	20	2.39	2	0.3

"一带一路"沿线国家经济基础风险评估指标的具体标准化公式如下所示。

(1) GDP的标准化公式为

$$x^* = \frac{x - x_{\min}}{x_{\max} - x_{\min}} = \frac{x - 0.74}{206.09 - 0.74} \quad (3-10)$$

(2) 人均GDP的标准化公式为①

$$x^* = \frac{x - x_{\min}}{x_{\max} - x_{\min}} = \frac{x - 1.05}{80 - 1.05} \quad (3-11)$$

(3) GDP增速的标准化公式为②

$$x^* = \frac{x - x_{\min}}{x_{\max} - x_{\min}} = \frac{x - (-6.8)}{15 - (-6.8)} \quad (3-12)$$

(4) 贸易开放度的标准化公式为

$$x^* = 1 - \left|\frac{x - x_{\text{理想点}}}{x_{\max} - x_{\min}}\right| = 1 - \left|\frac{x - 100}{343.48 - 33.11}\right| \quad (3-13)$$

(5) 投资开放度的标准化公式为

$$x^* = 1 - \left|\frac{x - x_{\text{理想点}}}{x_{\max} - x_{\min}}\right| = 1 - \left|\frac{x - 20}{35.14 - 0.01}\right| \quad (3-14)$$

(6) Chinn-Ito指数的标准化公式为

$$x^* = \frac{x - x_{\min}}{x_{\max} - x_{\min}} = \frac{x - (-1.89)}{2.39 - (-1.89)} \quad (3-15)$$

(7) CPI的标准化公式为

$$x^* = 1 - \left|\frac{x - x_{\text{理想点}}}{x_{\max} - x_{\min}}\right| = 1 - \left|\frac{x - 2}{18.12 - (-1.42)}\right| \quad (3-16)$$

---

① (2)中的公式属于指标值取越大越好的类型,由表3-3的数据可知,(2)中 $x_{\max}$ 要取理想点值80。
② (3)中的公式属于指标值取越大越好的类型,由表3-3的数据可知,(3)中 $x_{\max}$ 要取理想点值15。

(8) 失业率的标准化公式为

$$x^* = 1 - \frac{x - x_{理想点}}{x_{\max} - x_{理想点}} = 1 - \frac{x - 0.3}{26.5 - 0.3} \quad (3-17)$$

对表3-2的数据进行标准化后,得到"一带一路"沿线国家的经济基础指标标准化处理的数据如表3-4所示。

表3-4 "一带一路"沿线国家的经济基础指标标准化处理的数据

国家	GDP总量	人均GDP	GDP增速	贸易开放度	投资开放度	Chinn-Ito指数	CPI	失业率
阿联酋	0.192	0.547	0.478	0.897	0.524	1.000	0.983	0.866
埃及	0.136	0.027	0.413	0.784	0.481	0.164	0.583	0.511
巴基斯坦	0.117	0.004	0.560	0.787	0.453	0.164	0.734	0.782
白俄罗斯	0.033	0.089	0.385	0.939	0.500	0.164	0.175	0.821
保加利亚	0.024	0.084	0.390	0.958	0.576	1.000	0.825	0.561
波兰	0.263	0.169	0.467	0.925	0.431	0.451	0.903	0.542
俄罗斯	0.902	0.148	0.341	0.849	0.549	0.715	0.702	0.813
菲律宾	0.135	0.023	0.592	0.874	0.563	0.164	0.891	0.752
哈萨克斯坦	0.100	0.142	0.509	0.835	0.574	0.164	0.758	0.817
吉尔吉斯斯坦	0.000	0.003	0.477	0.812	0.512	0.285	0.717	0.706
柬埔寨	0.005	0.001	0.634	0.778	0.691	0.715	0.905	1.000
捷克	0.096	0.234	0.403	0.737	0.475	1.000	0.915	0.718
老挝	0.002	0.009	0.654	0.867	0.506	0.164	0.890	0.958
罗马尼亚	0.093	0.113	0.393	0.914	0.487	1.000	0.952	0.813
马来西亚	0.156	0.125	0.589	0.885	0.654	0.164	0.942	0.897
蒙古	0.002	0.039	0.671	0.965	0.928	0.836	0.436	0.718
孟加拉国	0.081	0.001	0.593	0.808	0.472	0.164	0.745	0.847
缅甸	0.028	0.002	0.702	0.826	0.558	0.000	0.822	0.882
沙特阿拉伯	0.360	0.293	0.471	0.931	0.482	0.696	0.745	0.794
斯里兰卡	0.033	0.033	0.650	0.807	0.467	0.164	0.934	0.844
塔吉克斯坦	0.001	0.001	0.619	0.903	0.467	0.164	0.790	0.603

第3章 基于理想点法的"一带一路"沿线国家经济基础风险评估

续表

国家	GDP总量	人均GDP	GDP增速	贸易开放度	投资开放度	Chinn-Ito指数	CPI	失业率
泰国	0.178	0.057	0.344	0.837	0.587	0.164	0.995	0.981
土耳其	0.386	0.120	0.444	0.868	0.500	0.451	0.649	0.630
土库曼斯坦	0.020	0.101	0.784	0.968	0.643	0.164	0.541	0.607
乌克兰	0.061	0.026	0.000	0.943	0.461	0.000	0.479	0.656
乌兹别克斯坦	0.027	0.013	0.683	0.843	0.485	0.000	0.502	0.603
希腊	0.112	0.261	0.347	0.889	0.467	1.000	0.831	0.000
新加坡	0.146	0.700	0.446	0.216	0.569	1.000	0.949	0.908
匈牙利	0.063	0.163	0.479	0.717	0.849	1.000	0.885	0.718
伊拉克	0.104	0.067	0.017	0.869	0.481	0.442	0.988	0.401
伊朗	0.199	0.054	0.379	0.826	0.448	0.285	0.220	0.611
以色列	0.145	0.456	0.439	0.827	0.527	1.000	0.922	0.786
印度	1.000	0.007	0.652	0.846	0.492	0.164	0.777	0.874
印度尼西亚	0.429	0.031	0.542	0.806	0.548	0.411	0.775	0.786
越南	0.092	0.013	0.586	0.825	0.611	0.411	0.893	0.931

对表3-4的数据进行可视化,如图3-1和图3-2所示。

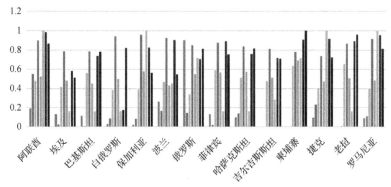

图3-1 "一带一路"沿线国家经济基础指标标准化处理的数据(1)

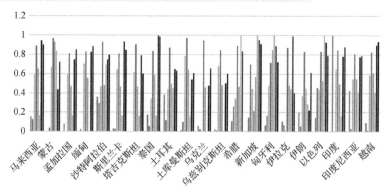

图3-2 "一带一路"沿线国家经济基础指标标准化处理的数据(2)

根据标准化的数据表3-4,利用公式(3-9)求出各个"一带一路"沿线国家经济基础指标与理想指标系列的距离。

以阿联酋为例,阿联酋的指标离理想值的欧氏距离为

$$D=[(1-0.19)^2+(1-0.547)^2+(1-0.478)^2+(1-0.897)^2+\\(1-0.524)^2+(1-1)^2+(1-0.983)^2+(1-0.866)^2]^{\frac{1}{2}}\approx 1.178$$

根据公式依次得到各个相关国家的基于理想点法的欧氏距离,如表3-5所示。

表3-5 各个相关国家的基于理想点法的欧氏距离

国家	基于理想点法的欧氏距离	国家	基于理想点法的欧氏距离
阿联酋	1.178	缅甸	1.817
埃及	1.862	沙特阿拉伯	1.290
巴基斯坦	1.769	斯里兰卡	1.744
白俄罗斯	1.952	塔吉克斯坦	1.827
保加利亚	1.603	泰国	1.701
波兰	1.539	土耳其	1.513
俄罗斯	1.265	土库曼斯坦	1.735
菲律宾	1.688	乌克兰	2.125
哈萨克斯坦	1.670	乌兹别克斯坦	1.928
吉尔吉斯斯坦	1.794	希腊	1.756
柬埔寨	1.536	新加坡	1.392

第3章 基于理想点法的"一带一路"沿线国家经济基础风险评估

续表

国家	基于理想点法的欧氏距离	国家	基于理想点法的欧氏距离
捷克	1.480	匈牙利	1.430
老挝	1.753	伊拉克	1.897
罗马尼亚	1.512	伊朗	1.878
马来西亚	1.579	以色列	1.284
蒙古	1.568	印度	1.468
孟加拉国	1.764	印度尼西亚	1.469
		越南	1.586

根据表3-5,各个"一带一路"沿线国家的基于理想点法的欧氏距离,如图3-3和图3-4所示。

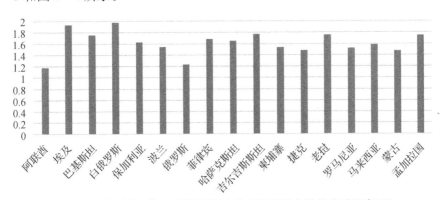

图3-3 各个"一带一路"沿线国家的基于理想点法的欧氏距离(1)

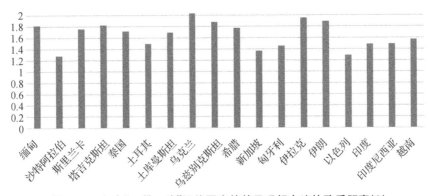

图3-4 各个"一带一路"沿线国家的基于理想点法的欧氏距离(2)

3.2.4 基于理想点法的"一带一路"沿线国家经济基础风险评估

基于上述理想点法对"一带一路"沿线国家的经济基础风险数值计算,得出各国的风险排序,距离越小,表示风险越低,将得到的欧氏距离转化为相应的风险级别。对"一带一路"沿线国家经济基础风险从低到高进行 4 级分类:AAAAA、AAAA、AAA、AA。其中 AAAAA 为高风险级别,AAAA 和 AAA 为中等风险级别,AA 为低风险级别。"一带一路"沿线国家经济基础风险排序和定级后的结果如表 3-6 所示。

表 3-6 "一带一路"沿线国家经济基础风险分级及排序

排序	国家	基于理想点法的距离	分级
1	乌克兰	2.125	AAAAA
2	白俄罗斯	1.952	AAAAA
3	乌兹别克斯坦	1.928	AAAAA
4	伊拉克	1.897	AAAAA
5	伊朗	1.878	AAAAA
6	埃及	1.862	AAAA
7	塔吉克斯坦	1.827	AAAA
8	缅甸	1.817	AAAA
9	吉尔吉斯斯坦	1.794	AAAA
10	巴基斯坦	1.769	AAAA
11	孟加拉国	1.764	AAAA
12	希腊	1.756	AAAA
13	老挝	1.753	AAAA
14	斯里兰卡	1.744	AAAA
15	土库曼斯坦	1.735	AAAA
16	泰国	1.701	AAAA
17	菲律宾	1.688	AAAA
18	哈萨克斯坦	1.670	AAA
19	保加利亚	1.603	AAA
20	越南	1.586	AAA
21	马来西亚	1.579	AAA

续表

排序	国家	基于理想点法的距离	分级
22	蒙古	1.568	AAA
23	波兰	1.539	AAA
24	柬埔寨	1.536	AAA
25	土耳其	1.513	AAA
26	罗马尼亚	1.512	AAA
27	捷克	1.480	AA
28	印度尼西亚	1.469	AA
29	印度	1.468	AA
30	匈牙利	1.430	AA
31	新加坡	1.392	AA
32	沙特阿拉伯	1.290	AA
33	以色列	1.284	AA
34	俄罗斯	1.265	AA
35	阿联酋	1.178	AA

表3-6就是35个国家经济基础风险综合评估值,表示的是各个指标与理想值的欧式距离,可以直接按照指标值的大小进行排列,指标值越大的就表明该国家经济基础各方面与理想值的距离也大,稳定性越低,经济基础的风险也就越大,投资的风险越大;指标值越小的就表明该国家经济基础各方面与理想值的距离也小,稳定性越高,经济基础的风险也就越小,投资的风险越小。

该模型考虑的因素只是单一的经济基础风险,认为各个指标的权重是相同的,用欧式距离来比较,简单明了,操作性强。但是如果对不同类型的风险因素进行考虑,需要考虑不同指标的权重。下一章来讨论不同权重的风险因素的综合评估。

3.3 基于理想点法的"一带一路"沿线国家经济基础风险防范策略

从上述基于理想点法的"一带一路"沿线国家经济基础风险评价结果,可以看出,"一带一路"沿线国家经济基础风险大小与对应国家的经济基础雄厚与单薄呈相关性。"一带一路"沿线国家主要为新兴经济国家,相比较而言,经济基础相对都比较单薄,需要外部资金的投入来促进本国的经济发展。

从经济风险的角度来看,一方面投资企业注重合作国家的选择,另一方面,投资企业注重合作的投资行业的选择,带动"一带一路"沿线国家的经济基础和经济结构的优化。比如优先投资"一带一路"沿线国家的基础设施建设项目、贸易互通项目、电子商务项目、旅游业开发与发展项目、教育合作项目、能源开发与合作项目、农业合作项目等。

第4章

基于层次分析法的"一带一路"沿线国家的国家风险评估

"一带一路"沿线国家的国家风险可以分为政治风险、金融风险、经济风险和社会风险四个方面。对"一带一路"沿线国家的国家风险进行评估,首先要选取合适的评估指标,然后采用层次分析法对各指标所占的权重进行确定。通过给出各指标的权重系数矩阵就可以得到各主要风险因素对国家风险的影响程度。

4.1 基于层次分析法的定性评估模型的建立与求解

4.1.1 指标体系的建立

考虑主要风险因素并建立模型来评估目标国的风险,所以在指标体系的最高层目标层为国家风险。国家风险分为政治风险、金融风险、经济风险和社会风险四个方面。

因此,"一带一路"沿线国家的国家风险评估指标体系的第一层指标为:政治风险 A_1、金融风险 A_2、经济风险 A_3 和社会风险 A_4。

在第二层指标中,政治风险 A_1 的指标为:政府效能 B_1、政治稳定性 B_2、监管质量 B_3、腐败控制指数 B_4 和依法治国程度 B_5。

金融风险 A_2 的指标为:货币流通年变化率 B_6、投资依存度 B_7、其他投资风险 B_8。

经济风险 A_3 的度量指标为人均 GDP B_9、年出口值 B_{10}、外汇储备量 B_{11} 和 CPI 值 B_{12} 等 4 个指标。

社会风险 A_4 的度量指标为社会与政治融合水平 B_{13}、可持续发展水平 B_{14}、社会信誉度 B_{15}、社会福利制度 B_{16} 和社会资源利用率 B_{17}。

综上,构建"一带一路"沿线国家的国家风险评估指标体系如图 4-1 所示。

4.1.2 "一带一路"沿线国家的国家风险评估模型的建立

在上述的定性指标体系中可以看出,第一层指标中除去金融风险和经济风险外,政治风险和社会风险都不可以用具体数据来量化评估,所以考虑采用基于层次分析法的模糊评估模型来完成对各项指标的权重确定。

在确定影响某因素的诸因子比重时,可以采用 Saaty 等人提出的构建两两比较矩阵的方法。

层次分析法的基本步骤如下:

(1) 确定评价目标的层次结构

层次结构由目标层、准则层、方案层三层组成。最高层为目标层,表示决策者要达到的目标。中间层是准则层,即解决问题涉及的判断标准。最底层是针对目标的不同措施、方案等。

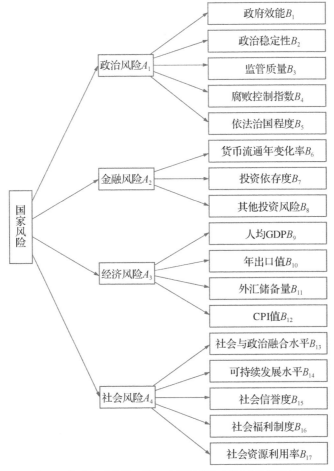

图 4-1　基于层次分析法的"一带一路"沿线国家的国家风险评估指标体系

（2）建立判断矩阵

确定多层次结构模型后，利用每一层次的因素进行两两比较，对比两个因素相对于评价目标的重要程度从而得出具体值，即可构造判断矩阵 C。

$$C = (C_{ij})_{m \times m} \tag{4-1}$$

$$C_{ij} = \frac{1}{C_{ji}} (i \neq j) \tag{4-2}$$

$$C_{ij} > 0 \quad C_{ii} = 1$$

式中，C_{ij} 表示 i 因素和 j 因素相对于评价目标的重要值。

每次取两个因子 X_i 和 X_j，以 a_{ij} 表示 X_i 和 X_j 对 Z 的影响大小之比，若

X_i 与 X_j 对 Z 的影响之比为 a_{ij},则 X_j 与 X_i 对 Z 的影响之比应为

$$a_{ji} = \frac{1}{a_{ij}} \tag{4-3}$$

全部比较结果用矩阵 $A = (a_{ij})_{n \times n}$ 表示,称 A 为 Z-X 之间的判断矩阵。

a_{ij} 的值一般按照 Saaty 等人采用的 1~9 及其倒数作为标度,表 4-1 给出了 1~9 标度的含义。

表 4-1 标度含义表

标度	含义
1	表示进行评估的两个因素是同等重要的
3	表示进行评估的两个因素中,前一个评估因素比后一个评价因素稍重要
5	表示进行评估的两个因素中,前一个评估因素比后一个评价因素明显重要
7	表示进行评估的两个因素中,前一个评估因素比后一个评价因素强烈重要
9	表示进行评估的两个因素中,前一个评估因素比后一个评价因素极端重要
2,4,6,8	表示上述两个因素相邻判断的中间值
倒数	因素 j 与因素 i 重要性之比为因素 i 与因素 j 的重要性之比的倒数

根据表 4-1,再结合各个国家风险评级机构给出的评级标准可以给出各个指标之间的判断矩阵。设判断矩阵 A 的最大特征值 λ_{max} 对应的特征向量 W,特征向量 W 经归一化后,则为同一层次对应的因素对于上一层次的某个评价因素的相比较的重要性的排序权值。

若 A 的最大特征值 λ_{max} 对应的特征向量为 $W = (w_1, w_2, \cdots, w_n)^T$,则

$$a_{ij} = \frac{w_i}{w_j}, (i,j = 1, 2, \cdots, n) \tag{4-4}$$

即

$$A = \begin{bmatrix} \frac{w_1}{w_1} & \frac{w_1}{w_2} & \cdots & \frac{w_1}{w_n} \\ \frac{w_2}{w_1} & \frac{w_2}{w_2} & \cdots & \frac{w_2}{w_n} \\ \vdots & \vdots & & \vdots \\ \frac{w_n}{w_1} & \frac{w_n}{w_2} & \cdots & \frac{w_n}{w_n} \end{bmatrix} \tag{4-5}$$

(3)层次单排序

层次单排序是指按照某一层次的因素相较于高一层次因素的重要度进行

排序。层次单排序的计算即计算判断矩阵的最大特征根和特征向量,计算方法通常有方根法、和积法。

和积法的具体步骤为:

① 将判断矩阵每一列正规化

$$\bar{b}_{ij} = \frac{b_{ij}}{\sum_{k=1}^{n} b_{kj}}, \quad i,j=1,2,\cdots,n \qquad (4-6)$$

② 每一列经正规化后的判断矩阵按行相加

$$\bar{W}_i = \sum_{j=1}^{n} \bar{b}_{ij}, \quad j=1,2,\cdots,n \qquad (4-7)$$

③ 对向量 $\bar{W}=[\bar{W}_1, \bar{W}_2, \cdots, \bar{W}_n]^T$ 正规化

$$W_i = \frac{\bar{W}_i}{\sum_{j=1}^{n} \bar{W}_j}, \quad i=1,2,\cdots,n \qquad (4-8)$$

所得到的 $W=[W_1, W_2, \cdots, W_n]^T$ 即为所求特征向量。

④ 计算判断矩阵最大特征根 λ_{max}

$$\lambda_{max} = \sum_{i=1}^{n} \frac{(AW)_i}{nW_i} \qquad (4-9)$$

式中,$(AW)_i$ 表示向量 AW 的第 i 个分量。

(4) 一致性检验

λ_{max} 稍大于 n,其他特征根接近 0 时,判断矩阵 A 具有满意的一致性,当判断矩阵 A 不能完全一致时,其特征根也会有变化。因此,可用特征根的变化来检验判断矩阵是否具有一致性。计算中用除判断矩阵最大特征根以外的其余特征根的负平均值作为衡量判断矩阵是否有一致性的指标,即

$$CI = \frac{\lambda_{max}-n}{n-1} \qquad (4-10)$$

为了知道判断矩阵是否通过一致性,引入 RI 值。RI 值为判断矩阵的平均随机一致性指标。RI 值是用随机的方法分别对 1~9 阶各构造 500 个样本矩阵,计算一致性指标 CI 值,然后平均得 RI 值,如表 4-2 所示。

表 4-2 RI 值

阶数	1	2	3	4	5	6	7	8	9
RI	0	0	0.58	0.9	1.12	1.24	1.32	1.41	1.45

1 阶和 2 阶判断矩阵具有完全一致性。当阶数大于 2 时,判断矩阵的一致

性指标 CI 与同阶平均随机一致性指标 RI 之比称为随机一致性比率,记为 CR。若 CR 值符合公式(4-11),则判断矩阵通过一致性检验。

$$CR=\frac{CI}{RI}<0.10 \qquad (4-11)$$

下面利用层次分析法来对"一带一路"沿线国家的国家风险进行评估。

求第一层的第二指标层权重系数。

(1) 第一层指标权重的确定·

A-C 判断矩阵如表 4-3 所示。

表 4-3 A-C 判断矩阵表

C	A_1	A_2	A_3	A_4
A_1	1	1/3	1/3	1
A_2	3	1	1	2
A_3	3	1	1	3
A_4	1	1/2	1/3	1

利用 MATLAB 编程运算可以得到各指标权重系数如表 4-4 所示。

表 4-4 一级指标权重系数表

指标	A_1	A_2	A_3	A_4
权重 W	0.1276	0.3475	0.3828	0.1420

其中 $CR=0.061<0.10$,一致性较好,可以采用①。

(2) 第二层指标权重的确定

① 政治风险 A_1 的判断矩阵如表 4-5 所示。

表 4-5 B-A_1 判断矩阵表

A_1	B_1	B_2	B_3	B_4	B_5
B_1	1	1	3	2	3
B_2	1	1	3	1	3
B_3	1/3	1/3	1	1/2	1/2
B_4	1/2	1	2	1	2
B_5	1/3	1/3	2	1/2	1

---

① 计算过程源程序代码见附录 1

第 4 章 基于层次分析法的"一带一路"沿线国家的国家风险评估

利用数学软件 MATLAB 计算,可以得到政治风险 A_1 层的各指标权重系数如表 4-6 所示。

表 4-6 B-A_1 权重系数表

指标	B_1	B_2	B_3	B_4	B_5
权重 W	0.3161	0.2758	0.0873	0.2050	0.1158

其中 $CR=0.0218<0.10$,一致性较好,可以采用。

② 金融风险 A_2 的判断矩阵如表 4-7 所示。

表 4-7 B-A_2 判断矩阵表

A_2	B_6	B_7	B_8
B_6	1	2	2
B_7	1/2	1	1
B_8	1/2	1	1

利用和积法的方法来计算各个指标的权重以及进行一致性检验,具体步骤如下:

a. 将表 4-7 的判断矩阵根据公式(4-6)每一列正规化,得

$$\bar{b}_{11}=\frac{b_{11}}{b_{11}+b_{21}+b_{31}}=\frac{1}{1+1/2+1/2}=\frac{1}{2}$$

$$\bar{b}_{21}=\frac{b_{21}}{b_{11}+b_{21}+b_{31}}=\frac{1/2}{1+1/2+1/2}=\frac{1}{4}$$

$$\bar{b}_{31}=\frac{b_{31}}{b_{11}+b_{21}+b_{31}}=\frac{1/2}{1+1/2+1/2}=\frac{1}{4}$$

$$\bar{b}_{12}=\frac{b_{12}}{b_{12}+b_{22}+b_{32}}=\frac{2}{2+1+1}=\frac{1}{2}$$

$$\bar{b}_{22}=\frac{b_{22}}{b_{12}+b_{22}+b_{32}}=\frac{1}{2+1+1}=\frac{1}{4}$$

$$\bar{b}_{32}=\frac{b_{32}}{b_{12}+b_{22}+b_{32}}=\frac{1}{2+1+1}=\frac{1}{4}$$

$$\bar{b}_{13}=\frac{b_{13}}{b_{13}+b_{23}+b_{33}}=\frac{2}{2+1+1}=\frac{1}{2}$$

$$\bar{b}_{23}=\frac{b_{23}}{b_{13}+b_{23}+b_{33}}=\frac{1}{2+1+1}=\frac{1}{4}$$

$$\bar{b}_{33}=\frac{b_{33}}{b_{13}+b_{23}+b_{33}}=\frac{1}{2+1+1}=\frac{1}{4}$$

得到每一列正规化后的矩阵为

$$\begin{bmatrix} 1/2 & 1/2 & 1/2 \\ 1/4 & 1/4 & 1/4 \\ 1/4 & 1/4 & 1/4 \end{bmatrix}$$

b. 根据公式(4-7)把上述矩阵按行相加得

$$\overline{W}_1 = \sum_{j=1}^{3} \overline{b}_{1j} = \frac{1}{2} + \frac{1}{2} + \frac{1}{2} = \frac{3}{2}$$

$$\overline{W}_2 = \sum_{j=1}^{3} \overline{b}_{2j} = \frac{1}{4} + \frac{1}{4} + \frac{1}{4} = \frac{3}{4}$$

$$\overline{W}_3 = \sum_{j=1}^{3} \overline{b}_{3j} = \frac{1}{4} + \frac{1}{4} + \frac{1}{4} = \frac{3}{4}$$

c. 将向量 $\overline{W} = \left[\frac{3}{2}, \frac{3}{4}, \frac{3}{4}\right]^T$,根据公式(4-8)归一化得

$$W_1 = \frac{3/2}{3/2 + 3/4 + 3/4} = 0.5$$

$$W_2 = \frac{3/4}{3/2 + 3/4 + 3/4} = 0.25$$

$$W_3 = \frac{3/4}{3/2 + 3/4 + 3/4} = 0.25$$

得到所求的特征向量为 $W = [0.5, 0.25, 0.25]^T$

d. 计算判断矩阵的最大特征根 λ_{max}

$$AW = \begin{bmatrix} (AW)_1 \\ (AW)_2 \\ (AW)_3 \end{bmatrix} = \begin{bmatrix} 1 & 2 & 2 \\ 1/2 & 1 & 1 \\ 1/2 & 1 & 1 \end{bmatrix} \begin{bmatrix} 0.5 \\ 0.25 \\ 0.25 \end{bmatrix} = \begin{bmatrix} 1.5 \\ 0.75 \\ 0.75 \end{bmatrix}$$

根据公式(4-9)得

$$\lambda_{max} = \sum_{i=1}^{n} \frac{(AW)_i}{nW_i} = \frac{(AW)_1}{3W_1} + \frac{(AW)_2}{3W_2} + \frac{(AW)_3}{3W_3}$$

$$= \frac{1.5}{3 \times 0.5} + \frac{0.75}{3 \times 0.25} + \frac{0.75}{3 \times 0.25} = 3$$

则根据公式(4-10)得

$$CI = \frac{\lambda_{max} - n}{n-1} = \frac{3-3}{3-1} = 0$$

根据表4-2,当 $n = 3$ 时,$RI = 0.58$

因此,根据公式(4-11)得

第4章 基于层次分析法的"一带一路"沿线国家的国家风险评估

$$CR = \frac{CI}{RI} = \frac{0}{0.58} = 0$$

由于 $CR=0<0.10$，一致性较好，故判断矩阵可以采用。

可以得到金融风险 A_2 各指标权重系数如表 4-8 所示。

表 4-8 $B-A_2$ 权重系数表

指标	B_6	B_7	B_8
权重 W	0.5000	0.2500	0.2500

③ 经济风险 A_3 判断矩阵如表 4-9 所示。

表 4-9 $B-A_3$ 判断矩阵表

A_3	B_9	B_{10}	B_{11}	B_{12}
B_9	1	3	2	1/2
B_{10}	1/3	1	1/2	1/2
B_{11}	1/2	2	1	1/3
B_{12}	2	2	3	1

利用数学软件 MATLAB 计算，可以得到经济风险 A_3 各指标权重系数如表 4-10 所示。

表 4-10 $B-A_3$ 权重系数表

指标	B_9	B_{10}	B_{11}	B_{12}
权重 W	0.2892	0.1233	0.1678	0.4197

其中 $CR=0.0611<0.10$，一致性较好，可以采用。

④ 社会风险 A_4 的判断矩阵如表 4-11 所示。

表 4-11 $B-A_4$ 判断矩阵表

A_4	B_{13}	B_{14}	B_{15}	B_{16}	B_{17}
B_{13}	1	1/4	1/2	1/2	1/3
B_{14}	4	1	2	1	1/2
B_{15}	2	1/2	1	1/2	1/3
B_{16}	2	1	2	1	2
B_{17}	3	2	3	1/2	1

利用数学软件 MATLAB 计算，可以得到社会风险 A_4 各指标权重系数如表 4-12 所示。

表4-12 B-A_4权重系数表

指标	B_{13}	B_{14}	B_{15}	B_{16}	B_{17}
权重W	0.0825	0.2321	0.1205	0.2814	0.2835

其中$CR=0.0632<0.10$,一致性较好,可以采用。

结合以上求解过程,得到最终各项指标对相应目标层贡献度的权重系数表,如表4-13所示。

表4-13 各项指标权重系数汇总表

政治风险A_1(0.1276)		金融风险A_2(0.3475)		经济风险A_3(0.3828)		社会风险A_4(0.1420)	
政府效能B_1	0.3161	货币流通年变化率B_6	0.5000	人均GDPB_9	0.2892	社会与政治融合水平B_{13}	0.0825
政治稳定性B_2	0.2758	投资依存度B_7	0.2500	年出口值B_{10}	0.1233	可持续发展水平B_{14}	0.2321
监管质量B_3	0.0873	其他投资风险B_8	0.2500	外汇储备量B_{11}	0.1678	社会信誉度B_{15}	0.1205
腐败控制指数B_4	0.2050			CPI值B_{12}	0.4197	社会福利制度B_{16}	0.2814
依法治国程度B_5	0.1158					社会资源利用率B_{17}	0.2835

对表4-13分析可以得出结论,在"一带一路"倡议下,"一带一路"沿线国家的国家风险中,排序如表4-14所示。

表4-14 "一带一路"沿线国家的国家风险排序

风险名称	政治风险A_1(0.1276)	金融风险A_2(0.3475)	经济风险A_3(0.3828)	社会风险A_4(0.1420)
排序	4	2	1	3

经济风险对国家风险的影响因素最大,政治风险对国家风险影响因素最小。经济风险因素几乎与金融风险因素相持平,都对国家风险有较大的影响。考虑实际情况,在跨国公司对海外国家进行投资时,对公司盈利影响最大的便是该国金融市场波动和经济情况。所以该风险评估模型具有一定的可信度,较为可靠。

但是,以上得出的结论仅仅适用于大部分国家,对于少部分政治动荡、有战乱或者产生经济危机的国家来说还需要重新评估。这些国家的政治或社会因素明显为主要影响因素。金融和经济风险虽然对公司盈利产生主要影响,但在这类国家中经济和金融市场的波动也主要是由政治和社会动荡引起的。并且随着具体情况不同,各指标所占权重也不尽相同,所以该模型适用范围具有局限性。

第4章 基于层次分析法的"一带一路"沿线国家的国家风险评估

基于层次分析法的定量评估模型建立及求解

定量评估"一带一路"沿线国家的风险,这就需要4.1节中建立的评估模型,代入各个国家具体数据求出各个国家的评估值并进行比对,根据评估结果,给出相关意见。

对于政治风险、社会风险这两类风险,不可对其进行定量描述,只能通过对国家背景、现状的了解,结合某些评级机构的评级准则,针对各个指标建立一套无量纲化的模糊评估标准对其进行量化描述。对于金融风险、经济风险这两类风险,可以通过一些官方机构如IMF(国际货币基金组织)等查找相关数据,再通过对数据的无量纲化,代入4.1节的风险评估模型中进行求解。最后将各类指标结果赋上权重后求和即可得到某一国家风险评估值。

4.2.1 各国指标的无量纲化

根据各指标的特性,可以将指标分为可量化指标和不可量化指标。其中,可量化指标包括金融风险和经济风险,不可量化指标包括政治风险和社会风险。

首先,对可量化指标进行分析,金融数据和经济数据均可以从IMF官网上查询得到。鉴于数据的不完整性、不失一般性,这里只取各国2014年的数据作为样本来做分析。为了简化运算并且提高模型的准确性,在对各国风险系数进行评估时随机取21个数据完整的国家进行分析。

下面根据不同指标的分类,分别对不同指标下各个国家的数据进行无量纲化处理。

(1) 政治风险指标标准化过程

政治风险指标属于不可量化指标,没有可以直接利用的数据。但是参考国家风险评级机构的做法,可以先就各个指标按照一套标准的评级方法对各个国家主观给出评估值。然后以此评估值为原始数据,采用归一标准化方法对数据进行标准化处理。

首先根据21个国家的基本情况对各指标进行1~9评分,如表4-15所示。

表4-15 政治风险指标评分数据

国家	政府效能	政治稳定性	监管质量	腐败控制指数	依法治国程度
阿尔巴尼亚	4	8	5	3.3	4
亚美尼亚	4	7	5	2.6	3

续表

国家	政府效能	政治稳定性	监管质量	腐败控制指数	依法治国程度
巴林	3	8	6	4.9	5
保加利亚	5	8	4	3.6	4
格鲁吉亚	4	6	3	3.8	5
印度尼西亚	4	8	5	2.8	4
伊拉克	3	4	3	1.5	2
以色列	6	8	8	6.1	7
约旦	3	6	5	4.7	5
哈萨克斯坦	8	6	6	2.9	2
马来西亚	8	6	8	4.4	4
摩尔多瓦	3	7	6	2.9	3
蒙古	5	7	6	2.7	2
尼泊尔	2	5	4	2.2	3
菲律宾	3	3	4	2.4	3
卡塔尔	9	6	8	7.7	8
俄罗斯	8	8	7	2.1	4
沙特阿拉伯	8	7	7	4.7	5
泰国	6	6	6	3.5	4
土耳其	7	4	7	4.4	5
越南	4	4	6	2.7	3

上述指标标准化公式为

① 政府效能的标准化公式为

$$x^* = \frac{x - x_{\min}}{x_{\max} - x_{\min}} = \frac{x-2}{9-2} \tag{4-12}$$

② 政治稳定性的标准化公式为

$$x^* = \frac{x - x_{\min}}{x_{\max} - x_{\min}} = \frac{x-3}{8-3} \tag{4-13}$$

③ 监管质量的标准化公式为

$$x^* = \frac{x - x_{\min}}{x_{\max} - x_{\min}} = \frac{x-3}{8-3} \tag{4-14}$$

④ 腐败控制指数的标准化公式为

$$x^* = \frac{x - x_{\min}}{x_{\max} - x_{\min}} = \frac{x - 1.5}{7.7 - 1.5} \quad (4-15)$$

⑤ 依法治国程度的标准化公式为

$$x^* = \frac{x - x_{\min}}{x_{\max} - x_{\min}} = \frac{x - 2}{8 - 2} \quad (4-16)$$

利用 Excel 软件进行计算,得到标准化数据如表 4-16 所示。

表 4-16 政治风险指标标准化数据

国家	政府效能	政治稳定性	监管质量	腐败控制指数	依法治国程度
阿尔巴尼亚	0.2857	1.0000	0.4000	0.2903	0.3333
亚美尼亚	0.2857	0.8000	0.4000	0.1774	0.1667
巴林	0.1429	1.0000	0.6000	0.5484	0.5000
保加利亚	0.4286	1.0000	0.2000	0.3387	0.3333
格鲁吉亚	0.2857	0.6000	0.3710		0.5000
印度尼西亚	0.2857	1.0000	0.4000	0.2097	0.3333
伊拉克	0.1429	0.2000	0.0000	0.0000	0.0000
以色列	0.5714	1.0000	1.0000	0.7419	0.8333
约旦	0.1429	0.6000	0.4000	0.5161	0.5000
哈萨克斯坦	0.8571	0.6000	0.6000	0.2258	0.0000
马来西亚	0.8571	0.6000	1.0000	0.4677	0.3333
摩尔多瓦	0.1429	0.8000	0.6000	0.2258	0.1667
蒙古	0.4286	0.8000	0.6000	0.1935	0.0000
尼泊尔	0.0000	0.4000	0.2000	0.1129	0.1667
菲律宾	0.1429	0.0000	0.2000	0.1452	0.1667
卡塔尔	1.0000	0.6000	1.0000	1.0000	1.0000
俄罗斯	0.8571	1.0000	0.8000	0.0968	0.3333
沙特阿拉伯	0.8571	0.8000	0.8000	0.5161	0.5000
泰国	0.5714	0.6000	0.6000	0.3226	0.3333
土耳其	0.7143	0.2000	0.8000	0.4677	0.5000
越南	0.2857	0.2000	0.6000	0.1935	0.1667

(2) 金融风险指标的标准化过程

首先给出21个国家的原始数据如表4-17所示。

表4-17 金融风险指标基础数据

国家	货币流通年变化率/%	投资依存度	其他投资风险
阿尔巴尼亚	4.01	0.03	8.3
亚美尼亚	8.34	0.04	7.9
巴林	6.51	0.05	8.1
保加利亚	1.14	0	8.9
格鲁吉亚	13.76	0.03	8.5
印度尼西亚	11.88	0.01	8.2
伊拉克	3.65	0.03	7.9
以色列	12.08	0.00	10.0
约旦	7.35	0.07	9.2
哈萨克斯坦	10.51	0.03	8.1
马来西亚	6.30	0.01	9.5
摩尔多瓦	5.08	0.05	8.0
蒙古	12.42	0.11	6.9
尼泊尔	16.14	0.01	9.5
菲律宾	12.44	0.01	9.1
卡塔尔	10.60	0.04	8.2
俄罗斯	15.45	0.01	9.3
沙特阿拉伯	11.82	0.01	10.8
泰国	4.65	0.01	7.9
土耳其	11.18	0.00	7.6
越南	19.74	0.01	7.7

上述指标标准化公式为

① 货币流通年变化率的标准化公式为

$$x^* = \frac{x - x_{\min}}{x_{\max} - x_{\min}} = \frac{x - 1.14}{19.74 - 1.14} \tag{4-17}$$

第4章 基于层次分析法的"一带一路"沿线国家的国家风险评估

② 投资依存度的标准化公式为

$$x^* = \frac{x - x_{\min}}{x_{\max} - x_{\min}} = \frac{x - 0.00}{0.11 - 0.00} \qquad (4-18)$$

③ 其他投资风险是越小越好,其他投资风险指数的标准化公式为

$$x^* = 1 - \frac{x - x_{\min}}{x_{\max} - x_{\min}} = 1 - \frac{x - 6.9}{10.8 - 6.9} \qquad (4-19)$$

采用 Excel 计算,可以得到标准化数据如表 4-18 所示。

表 4-18 金融风险指标标准化数据

国家	货币流通年变化率	投资依存度	其他投资风险
阿尔巴尼亚	0.1543	0.2727	0.6410
亚美尼亚	0.3871	0.3636	0.7436
巴林	0.2887	0.4545	0.6923
保加利亚	0.0000	0.0000	0.4872
格鲁吉亚	0.6785	0.2727	0.5897
印度尼西亚	0.5774	0.0909	0.6667
伊拉克	0.1349	0.2727	0.7436
以色列	0.5882	0.0000	0.2051
约旦	0.3339	0.6364	0.4103
哈萨克斯坦	0.5038	0.2727	0.6923
马来西亚	0.2774	0.0909	0.3333
摩尔多瓦	0.2118	0.4545	0.7179
蒙古	0.6065	1.0000	1.0000
尼泊尔	0.8065	0.0909	0.3333
菲律宾	0.6075	0.0909	0.4359
卡塔尔	0.5086	0.3636	0.6667
俄罗斯	0.7694	0.0909	0.3846
沙特阿拉伯	0.5742	0.0909	0.0000
泰国	0.1887	0.0909	0.7436
土耳其	0.5398	0.0000	0.8205
越南	1.0000	0.0909	0.7949

(3) 经济风险指标的标准化过程

首先,给出21个国家的经济风险各指标的原始数据,如表4-19所示。

表4-19 经济风险指标基础数据

国家	人均GDP/美元	年出口值/10^6美元	外汇储备量/10^6美元	CPI值
阿尔巴尼亚	4619.21	2430.622	2604.184 679	109.352 983
亚美尼亚	3646.66	1519.295 796	1489.443 392	120.280 456
巴林	25 198.1	20 520	6048.507 002	108.568 241
保加利亚	7712.8	30 879.971 63	18 576.132 09	106.719 037
格鲁吉亚	3670	2861.045 179	2699.169 996	110.250 75
印度尼西亚	3514.6	176 341	108 835.544	124.386 329
伊拉克	6432.8	88 968.208 99	62 885.910 46	116.910 341
以色列	37 031.7	68 552.5	86 101.262 66	107.339 961
约旦	5422.6	8375.703 38	15 299.486 79	117.425
哈萨克斯坦	12 276.4	79 117.4	21 813.962 11	128.634 59
马来西亚	10 829.9	234 139.075 6	114 571.984 7	110.483 333
摩尔多瓦	2233.8	2334.5	2153.803 429	123.826 144
蒙古	4170.2	5774.6	1540.359 829	154.529 923
尼泊尔	698.3	942.976 636 9	6027.138 368	141.331 057
菲律宾	2843.1	62 148.408 23	72 056.992 94	115.767 635
卡塔尔	93 397.1	131 260.896 2	42 734.146 98	110.370 306
俄罗斯	12 937	497 764	339 369.961 9	131.157 247
沙特阿拉伯	25 409	342 298.666 7	731 920.228 1	115.704 709
泰国	5560.7	225 189.398 3	151 253.347 5	111.346 413
土耳其	10 542.8	157 614.412 4	106 906.403	135.661 435
越南	2052.3	149 565	34 189.370 17	143.644 032

注:数据来自世界银行等。

上述指标标准化公式为

① 人均GDP的标准化公式为

$$x^* = \frac{x - x_{\min}}{x_{\max} - x_{\min}} = \frac{x - 698.3}{93\,397.1 - 698.3} \quad (4-20)$$

第4章 基于层次分析法的"一带一路"沿线国家的国家风险评估

② 年出口值的标准化公式为

$$x^* = \frac{x-x_{\min}}{x_{\max}-x_{\min}} = \frac{x-942.976\ 636\ 9}{497\ 764-942.976\ 636\ 9} \quad (4-21)$$

③ 外汇储备量的标准化公式为

$$x^* = \frac{x-x_{\min}}{x_{\max}-x_{\min}} = \frac{x-1\ 489.443\ 392}{731\ 920.228\ 1-1\ 489.443\ 392} \quad (4-22)$$

④ CPI值的标准化公式为

$$x^* = \frac{x-x_{\min}}{x_{\max}-x_{\min}} = \frac{x-106.719\ 037}{154.529\ 923-106.719\ 037} \quad (4-23)$$

采用Excel计算,可以得到标准化数据如表4-20所示。

表4-20 经济风险指标标准化数据

国家	人均GDP	年出口值	外汇储备量	CPI值
阿尔巴尼亚	0.0423	0.0030	0.0015	0.0551
亚美尼亚	0.0318	0.0012	0.0000	0.2836
巴林	0.2643	0.0394	0.0062	0.0387
保加利亚	0.0757	0.0603	0.0234	0.0000
格鲁吉亚	0.0321	0.0039	0.0017	0.0739
印度尼西亚	0.0304	0.3530	0.1470	0.3695
伊拉克	0.0619	0.1772	0.0841	0.2132
以色列	0.3920	0.1361	0.1158	0.0130
约旦	0.0510	0.0150	0.0189	0.2239
哈萨克斯坦	0.1249	0.1573	0.0278	0.4584
马来西亚	0.1093	0.4694	0.1548	0.0787
摩尔多瓦	0.0166	0.0028	0.0009	0.3578
蒙古	0.0375	0.0097	0.0001	1.0000
尼泊尔	0.0000	0.0000	0.0062	0.7239
菲律宾	0.0231	0.1232	0.0966	0.1893
卡塔尔	1.0000	0.2623	0.0565	0.0764
俄罗斯	0.1320	1.0000	0.4626	0.5111
沙特阿拉伯	0.2666	0.6871	1.0000	0.1879
泰国	0.0525	0.4514	0.2050	0.0968

续表

国家	人均GDP	年出口值	外汇储备量	CPI值
土耳其	0.1062	0.3153	0.1443	0.6054
越南	0.0146	0.2991	0.0448	0.7723

（4）社会风险指标的标准化过程

根据各国具体情况，还是先给出21个国家的评估值，如表4-21所示。

表4-21 社会风险指标评分数据

国家	社会与政治融合水平	可持续发展水平	社会信誉度	社会福利制度	社会资源利用率
阿尔巴尼亚	4.3	2.3	4.5	2.4	2.5
亚美尼亚	3.4	3.1	4.3	3.5	3.4
巴林	5.6	3.5	6.1	5.1	3.4
保加利亚	6.1	4.6	6.2	3.4	4.5
格鲁吉亚	5.4	3.5	4.5	3.5	4.1
印度尼西亚	3.5	2.3	5.5	3.5	3.5
伊拉克	1.6	2.1	3.5	1.2	2.1
以色列	5.9	6.5	7.3	6.5	6.8
约旦	4.6	3.4	5.3	3.4	3.5
哈萨克斯坦	3.2	2.6	6.1	3.4	3.1
马来西亚	4.6	5.9	6.7	6.5	6.6
摩尔多瓦	2.8	4.1	5.1	2.3	5.4
蒙古	3.2	2.5	4.6	3.4	3.5
尼泊尔	3.1	2.1	4.1	2.1	1.9
菲律宾	2.8	3.1	5.1	2.3	2.1
卡塔尔	6.5	2.6	8.3	7.6	6.1
俄罗斯	2.6	4.6	6.1	6.5	5.7
沙特阿拉伯	4.9	4.3	7.9	7.5	2.1
泰国	2.6	3.6	6.5	3.4	3.7
土耳其	5.1	2.5	5.2	5.3	3.1
越南	6.2	2.3	4.8	2.2	2.5

第4章 基于层次分析法的"一带一路"沿线国家的国家风险评估

上述指标标准化公式为

① 社会与政治融合水平的标准化公式为

$$x^* = \frac{x - x_{\min}}{x_{\max} - x_{\min}} = \frac{x - 1.6}{6.5 - 1.6} \tag{4-24}$$

② 可持续发展水平的标准化公式为

$$x^* = \frac{x - x_{\min}}{x_{\max} - x_{\min}} = \frac{x - 2.1}{6.5 - 2.1} \tag{4-25}$$

③ 社会信誉度的标准化公式为

$$x^* = \frac{x - x_{\min}}{x_{\max} - x_{\min}} = \frac{x - 3.5}{8.3 - 3.5} \tag{4-26}$$

④ 社会福利制度的标准化公式为

$$x^* = \frac{x - x_{\min}}{x_{\max} - x_{\min}} = \frac{x - 1.2}{7.6 - 1.2} \tag{4-27}$$

⑤ 社会资源利用率的标准化公式为

$$x^* = \frac{x - x_{\min}}{x_{\max} - x_{\min}} = \frac{x - 1.9}{6.8 - 1.9} \tag{4-28}$$

利用 Excel 软件进行计算,得到标准化数据如表 4-22 所示。

表 4-22 社会风险指标标准化数据

国家	社会与政治融合水平	可持续发展水平	社会信誉度	社会福利制度	社会资源利用率
阿尔巴尼亚	0.5510	0.0455	0.2083	0.1875	0.1224
亚美尼亚	0.3673	0.2273	0.1667	0.3594	0.3061
巴林	0.8163	0.3182	0.5417	0.6094	0.3061
保加利亚	0.9184	0.5682	0.5625	0.3438	0.5306
格鲁吉亚	0.7755	0.3182	0.2083	0.3594	0.4490
印度尼西亚	0.3878	0.0455	0.4167	0.3594	0.3265
伊拉克	0.0000	0.0000	0.0000	0.0000	0.0408
以色列	0.8776	1.0000	0.7917	0.8281	1.0000
约旦	0.6122	0.2955	0.3750	0.3438	0.3265
哈萨克斯坦	0.3265	0.1136	0.5417	0.3438	0.2449
马来西亚	0.6122	0.8636	0.6667	0.8281	0.9592
摩尔多瓦	0.2449	0.4545	0.3333	0.1719	0.7143
蒙古	0.3265	0.0909	0.2292	0.3438	0.3265

续表

国家	社会与政治融合水平	可持续发展水平	社会信誉度	社会福利制度	社会资源利用率
尼泊尔	0.3061	0.0000	0.1250	0.1406	0.0000
菲律宾	0.2449	0.2273	0.3333	0.1719	0.0408
卡塔尔	1.0000	0.1136	1.0000	1.0000	0.8571
俄罗斯	0.2041	0.5682	0.5417	0.8281	0.7755
沙特阿拉伯	0.6735	0.5000	0.9167	0.9844	0.0408
泰国	0.2041	0.3409	0.6250	0.3438	0.3673
土耳其	0.7143	0.0909	0.3542	0.6406	0.2449
越南	0.9388	0.0455	0.2708	0.1563	0.1224

4.2.2 各国风险评估值的求解

根据上面标准化后的数据,可以较为方便地求出各国风险评估值来对各国的风险进行量化评估。在这步求解过程中只需要将第一层指标权重 W_1 与第二层对应指标 $W_{2i}(i=1,2,\cdots)$ 相乘,然后结合标准化后的数据就可以将各国风险值 R 求解出来,具体步骤如下:

首先各个指标对应的对目标层直接的影响权重 w_i 为

$$w_i = W_{1k}W_{2j}(i=1,2,\cdots,17) \quad (4-29)$$

式中,i 与 k 分别一一对应,从 1 开始变化,混合权重如表 4-23 所示。

表 4-23 混合权重汇总表

指标	权重	指标	权重	指标	权重
B_1	0.0403	B_7	0.0869	B_{13}	0.0117
B_2	0.0352	B_8	0.0869	B_{14}	0.0329
B_3	0.0111	B_9	0.1107	B_{15}	0.0171
B_4	0.0262	B_{10}	0.0472	B_{16}	0.0400
B_5	0.0148	B_{11}	0.0642	B_{17}	0.0403
B_6	0.1738	B_{12}	0.1607		

接着综合表 4-16、表 4-18、表 4-20 和表 4-22 的标准化数据,则 a 国的综合风险评估值公式即为:

$$R_a = \sum_{i=1}^{17} w_i B_i \quad (4-30)$$

第4章 基于层次分析法的"一带一路"沿线国家的国家风险评估

例如俄罗斯的风险评估值可如下计算得出。

$R_a = 0.0403 \times 0.8571 + 0.0352 \times 1 + 0.0111 \times 0.8 + 0.0262 \times 0.0968 +$
$\quad 0.0148 \times 0.3333 + 0.1738 \times 0.7694 + 0.0869 \times 0.0909 +$
$\quad 0.0869 \times 0.3846 + 0.1107 \times 0.1320 + 0.0472 \times 1 +$
$\quad 0.0642 \times 0.4626 + 0.1607 \times 0.5111 + 0.0117 \times 0.2041 +$
$\quad 0.0329 \times 0.5682 + 0.0171 \times 0.5417 + 0.0400 \times 0.8281 +$
$\quad 0.0403 \times 0.7755$
$\quad \approx 0.5295$

其余国家依此类推,利用 Excel 计算,最后将各国综合风险评估值汇总如表4-24 所示。

表 4-24 各国风险综合评估值汇总表

国家	风险综合评估值	排序	国家	风险综合评估值	排序
蒙古	0.5393	1	巴林	0.3229	12
卡塔尔	0.5375	2	格鲁吉亚	0.3139	13
俄罗斯	0.5295	3	摩尔多瓦	0.3064	14
越南	0.4545	4	亚美尼亚	0.3052	15
沙特阿拉伯	0.4376	5	约旦	0.2950	16
土耳其	0.4156	6	泰国	0.2782	17
以色列	0.4106	7	菲律宾	0.2352	18
哈萨克斯坦	0.3768	8	阿尔巴尼亚	0.2076	19
印度尼西亚	0.3573	9	保加利亚	0.1978	20
马来西亚	0.3446	10	伊拉克	0.1811	21
尼泊尔	0.3268	11			

根据表4-24,21 个国家风险综合评估值如图4-2 所示。

表4-24 就是21 个国家基于四大不同类型的风险因素的不同权重的风险综合评估值,都在0 和1 之间波动,符合0—1 数据标准化方法的操作原理。直接按照指标值的大小进行排列,指标值越大的就表明国家各方面稳定性越高,国家风险也就越小,越值得投资;指标值越小的就表明国家稳定性越低,国家风险越大,投资的风险性也就越大,投资越要慎重。

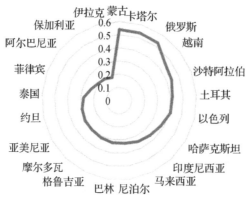

图4-2　21个国家风险综合评估值

蒙古、卡塔尔、俄罗斯、越南、沙特阿拉伯排在前五名,这5个国家,既有经济状况较好的国家也有经济状况排名较低的国家,表明国家风险状况不能直接由国家经济状况来决定,有些经济较为落后的发展中国家反而风险较低,更值得投资。伊拉克的风险综合评估值最低,风险最高,排在最后一位。

但是该模型虽然考虑的因素比较全面,并且也考虑到了不同指标的风险权重大小不一样,但是一些更深层次的因素没有考虑进去,比如对华关系军事冲突风险、地缘政治关系等。

4.3　基于层次分析法的"一带一路"沿线国家的国家风险控制策略

中国企业对外投资时会遇到诸多风险,根据上文的风险评估模型可知,主要的风险还是来源于政治、金融、经济、社会风险。但是针对不同的国家,又有许多潜在的风险需要考虑。

4.3.1　政治风险控制策略

一般政治风险较难判断出来,某国的政府效能、政治稳定性等需要该国内部人员才能得知。所以,在投资之前,可以采取以下策略:

(1) 投资前通过实地考察、咨询该国专家或者对该国有深入研究学者等方式,详细了解该国的政治形势、政府的工作效能、法律体系以及官员的腐败情况。在自己无法根据形势作出判断的时候,可以借助一些评估机构的力量,对该国整体政治形势以及潜在的政治危机作出判断。

(2) 了解该国周边区域的政治、经济形势。周边国家的政治动荡或者某些危机极易影响到其他国家的政局稳定,所以在选择投资区域时应当极为慎重,尽量避开战争或者军事冲突、政局动荡的区域。

(3)在投资前首先要了解当地相关政策以及公关策略。在投资时不可盲目冒进,在投资方式上应当尽量采取合资的形式,这样可以减少本国排外情绪或者对相关法律政策的不了解而导致的损失。这使得合资方也承担一定风险,对某些敏感领域的投资就可以减少投资方的风险,在公关过程中也可以利用合资方的资源,形成双赢的局面。

4.3.2　金融、经济风险控制策略

这两方面的风险对企业是否盈利造成最直接的影响。所以在对金融和经济风险上的控制要注意及时性和有效性,这样才能将损失减小到最少。

(1)了解投资国经济发展水平、劳动力价格,以及经济发展潜力等基本经济情况,以便于将其经济发展情况与我国对比,在制定投资战略的时候可以选择符合他国和我国国情的策略,避免发生投资效率低下的情况。

(2)注意要对市场经济活跃度以及该国的消费者的主流消费观做较为客观的评估。尽量选择经济市场较为活跃、消费者消费观较为开放的国家进行投资,以此来规避未来可能出现的经济状况低迷的风险。

(3)在金融市场方面,首先就要对投资国的金融市场的自由度进行分析。当有较大数目的投资时,首先要考虑的就是金融资产的安全性。因此要提前与投资国政府签订相关协定,注重资金的汇率波动、进出口比例以及税收的相关政策,避免在该国金融市场波动时造成资金的流失。

4.3.3　社会风险控制策略

社会风险也是较为重要的影响因素之一,尤其是在一些社会不稳定、较为动荡的地区,社会风险对于外资企业而言会有重大影响。

(1)第一个要注意的就是不同地区国家间的文化差异。不同的文化可能会导致投资方与目标国对于某些重要方面的理解有所差异。比如在组织管理方式以及市场营销方面都需要进行本土化调整来适应当地的文化。

(2)对当地劳动力构成以及劳动力教育水平要有所了解。只有对人力资源情况有深入分析了解,才能处理好公司与劳动力之间的关系,避免出现一些劳务纠纷。坚持入乡随俗的管理模式又有助于提高生产效率,降低风险。

(3)在对社会动荡的国家进行投资时要尤为注意该国对华态度。

（4）企业在投资国应该积极履行社会责任，树立企业的公众形象。在追求经济利益的同时也要注意可持续发展，保护当地自然、生态以及人文环境，积极融入当地社会，注重可持续发展，这样才能使企业在"一带一路"沿线国家取得长远和稳定发展。

第 5 章

基于AHP-GRAP方法的"一带一路"倡议下我国陆上能源通道风险评估

能源已成为社会机制正常运转的物质基础,是驱动世界经济增长不可或缺的动力,能够极大影响一个国家和地区的发展。我国的化石能源对外依赖度不容乐观,石油对外依赖度将维持在60%左右,天然气对外依赖度在37%上下,这对我国的综合发展及国防安全构成严重挑战。国家对此高度重视,多次召开会议研究我国能源安全战略,推动能源供应、消费、技术和体制改革,大力推进国际能源合作。

在较长时间内,我国的能源进口严重依赖海上通道,这对我国能源供应安全构成巨大的潜在风险。为改善这种情况,我国开始谋求更加多元化的能源供应运输方式。相比海上通道,陆上通道往往距离更短,安全可控性更高。其中,铁路和公路等传统陆运方式存在运量小、成本高等明显劣势,不具备大规模发展的可能。能源管道虽然前期投入较大,可能遇见技术难题,但基本可以解决运量小和单次运输成本高的问题,因此也逐渐成为各国陆上能源运输所选择的主要渠道,并且也成为我国与周边沿线国家开展能源合作的重点领域之一。但需要注意的是,陆上能源通道运输功能的实现对国家政策协调、基础设施质量和周边安全环境等具有较高的要求。而"一带一路"沿线多为欠发达地区,综合环境较为复杂。在大国竞争暗潮涌动、传统安全与非传统安全并存的当下,为防止各类风险因素对我国陆上能源通道功能实现造成冲击,进而影响国家能源供应安全,需要加强对我国陆上能源通道综合风险的系统分析与评估,制定好总体战略思路和具体应对措施。

本部分主要研究的国家均是我国陆上能源通道途经的境外国家或存有潜在可能的国家,主要分布在我国东北、西北和西南三个方向,一般与我国陆上接壤或陆上距离相近,并满足具有充足的能源分布优势或占据极其重要的地理位置。具体来看,北部包括俄罗斯,西北部包括哈萨克斯坦和乌兹别克斯坦等中亚五国,西南部包括巴基斯坦和缅甸,更远处选择伊朗作为西亚地区的假想能源通道建设起点。

5.1 我国陆上能源通道概况

当前,我国陆上能源通道建设已基本形成东北、西北和西南三线并进的格局,主要以管道为主,铁路和公路为辅,并且随着我国周边陆上能源管道的陆续建成运营,原经铁路和公路进口的能源份额也将逐渐转移至管道运输。因此,本书将主要研究陆上能源管道这一关键运输渠道,包括已建成运营的、建设中的和待规划建设的通道。陆上能源通道作为海上运输通道的重要补充,在国家

第 5 章　基于 AHP-GRAP 方法的"一带一路"倡议下我国陆上能源通道风险评估

能源进口供给中具有战略意义。

本书仅就研究涉及的"一带一路"倡议下我国陆上能源通道沿线国家进行限定和说明。这些国家均是我国陆上能源通道途经的境外国家或存有潜在可能的国家，主要分布在我国东北、西北和西南三个方向，具体如表 5-1 所示。一般与我国陆上接壤或陆上距离相近，并满足具有充足的能源分布优势或占据极其重要的地理位置。

表 5-1　"一带一路"倡议下我国陆上能源通道沿线国家

方向	沿线包含的国家
东北	俄罗斯
西北	哈萨克斯坦和乌兹别克斯坦等中亚五国
西南	包括巴基斯坦和缅甸，更远处选择伊朗作为西亚地区的假想能源通道建设起点

5.1.1　东北方向

1. 中俄原油管道

中俄原油管道是从俄罗斯远东原油管道输送到我国东北的一条支线。俄罗斯远东原油管道位于西伯利亚，起于伊尔库茨克州的泰舍特，途经俄罗斯萨哈共和国，至斯科沃罗季诺，最后到达科济米诺湾，管道全长 4700 km，设计输送量约 5000 万 t/a。中俄原油管道恰好在斯科沃罗季诺分输站进行连接，计划每年输出原油 1500 万 t。该管道在 2012 年建设完成并投入使用。2013 年，中俄再次补充能源合作协议，计划至 2018 年将 1500 万 t/a 的输油量提升至 3000 万 t/a。其中，每年将有 700 万 t 的原油是通过中哈原油管道进行转运的。在 2018 年初，该管道二线工程建设完成，并正式进行原油输送，且输送量已达到最初计划的目标。

2. 中俄东线天然气管道

中俄东线天然气管道项目是连接中俄两国的陆上能源通道，起点在东西伯利亚[1]，由布拉戈维申斯克进入我国。管道相继经过克拉斯诺亚尔斯克区、伊尔库茨克州、俄罗斯萨哈共和国和阿穆尔州，在俄罗斯境内全长约 3000 km[2]。中俄在 2014 年签订了天然气购销的长期合同，其中约定俄罗斯每年将向我国输

---

[1]　安蓓. 中俄东线天然气管道中国境内段开工建设[EB/OL]. (2015-06-29)[2022-03-21]. http://www.xinhuanet.com/world/2015-06/29/c_1115760507.htm.

[2]　白洁. 习近平同俄罗斯总统普京视频连线 共同见证中俄东线天然气管道投产通气仪式[EB/OL].（2019-12-02）[2022-03-21]. http://www.xinhuanet.com/politics/leaders/2019-12/02/c_1125299456.htm.

送 380 亿 m³ 的天然气,合约期限为 30 年①。

5.1.2 西北方向

当前,我国西北方向的油气资源主要来源于中亚地区②,而中亚地区的油气资源则基本散布在里海区域,即土库曼斯坦、哈萨克斯坦以及乌兹别克斯坦等地。根据现有的探测可知,土库曼斯坦在天然气方面的储备量非常丰富,预计达到 17.5 亿 m³;哈萨克斯坦在石油方面的储量较为丰富,目前已探明储量高达 39 亿 t;乌兹别克斯坦的油气资源均有分布,但储量相对较少;塔吉克斯坦和吉尔吉斯斯坦则更多以管道过境国的角色出现。

1. 中哈原油管道

中哈原油管道涉及的工程项目较多,具体包括西北管道(肯基亚克—阿特劳管道)、阿塔苏—阿拉山口管道、肯基亚克—库姆科尔管道。其中,阿塔苏—阿拉山段在 2006 年开始运行,肯基亚克—库姆科尔段在 2009 年开始运营,自此基本连通哈萨克斯坦各个方向的油源。该管道总长度达到 2798 km,预计每年输送的原油量将高达 2000 万 t(其中来自俄罗斯的有 700 万 t,来自哈萨克斯坦的有 1300 万 t)。

2. 中国—中亚天然气管道

(1) 中国—中亚天然气管道 A、B、C 线

中国—中亚天然气管道是我国最主要的天然气通道,目前已经建成了 A、B、C 3 条线路,D 线仍在建设之中。A、B、C 线在土库曼斯坦的总长度达到 188 km,在乌兹别克斯坦的总长度有 530 km,而在哈萨克斯坦的管道总长度最长,达到 1300 km。A、B 线分别于 2009 年和 2010 年先后建成运营,设计年输量达 300 亿 m³。C 线在 2014 年正式开通,它采用 X80 钢管,该管道计划每年将输出 250 亿 m³ 的天然气。自此,A、B、C 三线合计年输量达 550 亿 m³。

(2) 中国—中亚天然气管道 D 线

D 线管道目前还在施工建设当中。线路较 A、B、C 线有所变化,先经乌兹别克斯坦后,再跨越塔吉克斯坦和吉尔吉斯斯坦,最后进入我国。管道全线长 1000 km,其中有 840 km 都在境外。③ 相较于 A、B、C 线,D 线在境外的长度缩减了接近 1000 km,并且在境外的管道中,分布在塔吉克斯坦的管道长度最长,

---

① 陈冲,林卿. 中国二氧化碳排放、经济与能源发展关系研究[J]. 牡丹江师范学院学报(哲社版) 2014(5):4.

② "一带一路"专稿一:中亚油气资源分布格局与开发现状[EB/OL]. (2017-05-16)[2022-03-21]. https://www.sohu.com/a/141016742_650579.

③ 瞿剑. 中亚天然气管道累计输气突破 1000 亿方[N]. 科技日报,2014-11-17.

第5章 基于 AHP-GRAP 方法的"一带一路"倡议下我国陆上能源通道风险评估

达到 410 km,在乌兹别克斯坦的管道长度达到 220 km,而在吉尔吉斯斯坦境内的管道长度约 210 km。通过该管道每年输出的天然气预计将达到 300 亿 m^3。2020 年初,中国-中亚 D 线 1 号隧道实现了顺利贯通。

3. 中俄西线天然气管道

目前,关于中俄西线天然气管道项目的建设,仍在方案设计和讨论过程中。从现有可查到的公开资料来看,线路基本走向大致为:亚马尔-涅涅茨自治区—苏尔古特—库兹巴斯—阿尔泰—我国新疆。该管道如若建成,其在俄罗斯境内约 2670 km,预计未来该气田设计产能将达到 1150 亿 m^3/a,可为我国输送大量的天然气资源,有效保障我国进口天然气供应。

4. 中国—中亚—西亚油气管道

当前,中国同中亚地区的陆上能源管道建设已取得较大进展。哈萨克斯坦境内石油管道几乎连通各个方向;此外,待天然气 D 线建成之后,我国可从两个方向经土库曼斯坦进口天然气。而与中亚地区相邻的众多西亚国家同样是我国能源进口主要来源国,尤其是石油进口。因此,有学者提出假想:以土库曼斯坦陆上邻国伊朗作为连通西亚能源通道的待规划建设起点,大致分为中国—中亚—伊朗油气管道 1 线(经伊朗、土库曼斯坦、乌兹别克斯坦、哈萨克斯坦至中国)和中国—中亚—伊朗油气管道 2 线(经伊朗、土库曼斯坦、塔吉克斯坦、吉尔吉斯斯坦至中国)。

5.1.3 西南方向

1. 中缅油气管道

中缅天然气管道和原油管道分别在 2013 年和 2015 年全线贯通并开始运行。起于缅甸马德岛,经若开邦、掸邦等行政划区,从云南进入我国,全长 2380 km。原油主要来源于中东和非洲地区的转运,天然气来源于若开盆地的气田。中缅天然气管道起点位于皎漂港,在缅甸境内长 793 km。中缅原油管道总长度约 2400 km,其中缅甸境内长 771 km,双管并行敷设。初步设定年输原油和天然气量分别为 2200 万 t 和 120 亿 m^3[①]。

2. 中巴能源通道

自中巴经济走廊建设以来,关于修建中巴油气管道合理性的争论较为激烈。本书将从风险评估角度对中巴油气管道进行定量分析,以提供决策参考。综合巴基斯坦的能源分布和地理位置条件,将中巴油气管道与中缅油气管道进行类比。通过巴基斯坦可以连接波斯湾和北非地区,将更多发挥海上石油中转运输的作用。在线路设计上可参考中巴经济走廊西线,从瓜达尔港至红其拉甫进入我国,

---

① 吴莉.铸能源国脉 续胞波情谊[N].中国能源报,2012.

而管道设计年输送量则应当高于中缅油气管道的2200万t石油。

5.2 陆上能源通道主要参数汇总

为便于后文展开陆上能源通道风险定量评估,此处对上述梳理的对象(包括已建成的、建设中的和待规划建设的陆上能源通道)的主要参数进行汇总,具体如表5-2所示。

表5-2 陆上能源通道主要参数汇总表

	名称	进展	设计年输送量	长度	途经境外国家
原油通道	中俄原油管道	建成运营	5000万t	4700 km(管道全长)	俄罗斯
	中哈原油管道	建成运营	2000万t	2798 km(管道全长)	哈萨克斯坦
	中缅油气管道	建成运营	2200万t	771 km(境外长度)	缅甸
	中巴油气管道	待建设	待设计	待设计	巴基斯坦
	中国—中亚—伊朗1线	待建设	待设计	待设计	哈萨克斯坦、乌兹别克斯坦、土库曼斯坦、伊朗
	中国—中亚—伊朗2线	待建设	待设计	待设计	吉尔吉斯斯坦、塔吉克斯坦、土库曼斯坦、伊朗
天然气管道	中俄东线天然气管道	建成运营	380亿 m^3	3000 km(境外长度)	俄罗斯
	中国—中亚天然气管道A、B、C线	建成运营	550亿 m^3	2018 km(境外长度)	哈萨克斯坦、乌兹别克斯坦、土库曼斯坦
	中国—中亚天然气管道D线	建设中	300亿 m^3	1000 km(管道全长)	吉尔吉斯斯坦、塔吉克斯坦、乌兹别克斯坦
	中缅油气管道	建成运营	120亿 m^3	793 km(境外长度)	缅甸
	中俄西线天然气管道	待建设	待设计	待设计	俄罗斯

5.3 风险评估总体思路与指标体系建立

依据分析及描述方式的差异,评估通常可划分成定性评估、定量评估以及定性和定量相结合的评估。而定量评估方法一般又包括统计分析方法、综合指数方法和机器学习方法等。本书结合具体问题背景,在总体评估思路上将基于综合指数法开展陆上能源通道风险评估研究。从"风险=概率×损失"表达式

第5章 基于 AHP-GRAP 方法的"一带一路"倡议下我国陆上能源通道风险评估

出发,将风险分解为风险损失和风险概率两个方面,设定通道设计输送量为风险损失,而后运用统计分析方法和综合评估方法对风险概率进行实证评估,最后得到我国陆上能源通道风险。

基于"风险=概率×损失"表达式,首先考虑风险损失方面,在实际情况中,项目驻外人员、对外项目投资和能源进口输送量均是可能造成损失的考虑要素,但从能源供应安全角度思考,各类风险因素造成陆上通道功能发挥失效的直接后果便是无法获得相应进口的能源份额,进而对我国能源供给安全造成巨大影响。因此,本书设定陆上能源通道设计年均输送量为风险损失。

另外,能源供给的稳定性和通道运输的安全性是规划能源通道线路和设计通道输送量时应当首要考虑的因素,能源供给越不稳定和运输过程安全威胁越大,则通道风险概率越高。于是,本书将从通道途经的国家入手,综合分析主要风险来源,评估各国境内的通道风险概率,最后基于加权量化求和得到通道风险概率。风险评估总体思路逻辑图如图 5-1 所示。

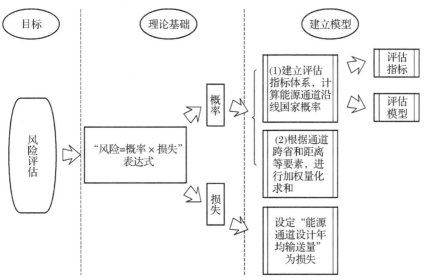

图 5-1 风险评估总体思路逻辑图

综上所述,本部分的总体评估思路为:第一,基于"风险=概率×损失"表达式,从风险概率和风险损失两方面着手对我国陆上能源通道风险进行系统评估;第二,设定各通道设计输送量为风险损失;第三,从通道的能源供给稳定性和运输安全性两方面评估通道沿线国家风险概率;第四,通过沿线国家风险概率加权量化求和得到各陆上能源通道安全风险概率。

根据背景分析,建立陆上能源通道沿线国家风险概率评估指标体系如图 5-2

所示。

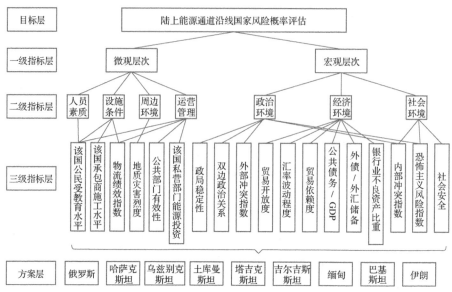

图 5-2 陆上能源通道沿线国家风险概率评估指标体系

5.4 基于 AHP-GRAP 方法的风险概率评估模型

依据前面建立的陆上能源通道风险概率评估指标体系,本部分将建立恰当的评估模型开展后续研究。首先,图 5-2 的评估指标体系虽然经过了独立性检验,但其本身仍具有主观性和层次性。显然,层次分析法(AHP)是处理此类问题较为有效的方法。此外,本书选取的量化指标综合考虑了微观和宏观风险因素,并且是从多个官方数据库和专业智库获取数据,其中不少社科类指标数据本身是智库运用综合方法评价得到,因此,本书在层次分析法的基础上还引入灰色关联分析方法(GRAP)进行综合评估,使最终结果更加贴近实际情况。

陆上能源通道的 AHP-GRAP 评估模型具体步骤如下:

(1) 选择参考序列和比较序列

若评估对象为 m 个,评估指标为 n 个,则比较数列为

$$X_i=\{X_i(k)|k=1,2,\cdots,n\},(i=1,2,\cdots,m) \quad (5-1)$$

取每个指标的最佳值构建参考序列为

$$X_0=\{X_0(k)|k=1,2,\cdots,n\} \quad (5-2)$$

(2) 数据规范化处理

由于各指标因素的背景意义不同,量纲也有所差别,为了方便分析,确保不

第5章 基于 AHP-GRAP 方法的"一带一路"倡议下我国陆上能源通道风险评估

同指标因素具有同序性和等效性,这里,需要对原始数据加以处理,即无量纲化和归一化,这就是数据规范化处理。主要有以下三种方式:

① 初始化处理

设有原始数列 $x^{(0)} = \{x^{(0)}(1), x^{(0)}(2), \cdots, x^{(0)}(n)\}$,对 $x^{(0)}$ 按公式(5-3)作初始化处理得 $y^{(0)}$,则

$$y^{(0)} = \{y^{(0)}(1), y^{(0)}(2), \cdots, y^{(0)}(n)\} \\ = \left\{ \frac{x^{(0)}(1)}{x^{(0)}(1)}, \frac{x^{(0)}(2)}{x^{(0)}(1)}, \cdots, \frac{x^{(0)}(n)}{x^{(0)}(1)} \right\} \quad (5-3)$$

② 均值化处理

设有原始数列 $x^{(0)} = \{x^{(0)}(1), x^{(0)}(2), \cdots, x^{(0)}(n)\}$,记其平均值为 $\overline{x^{(0)}}$,则

$$\overline{x^{(0)}} = \frac{1}{n} \sum_{k=1}^{n} x^{(0)}(k) \quad (5-4)$$

对 $x^{(0)}$ 按公式(5-4)作均值化处理,得 $y^{(0)}$ 为:

$$y^{(0)} = \{y^{(0)}(1), y^{(0)}(2), \cdots, y^{(0)}(n)\} \\ = \left\{ \frac{x^{(0)}(1)}{\overline{x^{(0)}}}, \frac{x^{(0)}(2)}{\overline{x^{(0)}}}, \cdots, \frac{x^{(0)}(n)}{\overline{x^{(0)}}} \right\} \quad (5-5)$$

③ 归一化处理

归一化需要判定指标的属性方向,针对正向指标运用公式(5-6)加以处理。

$$y_i = \frac{x_i - \min x_i}{\max x_i - \min x_i} \quad (5-6)$$

针对反向指标则采用公式(5-7)处理。

$$y_i = \frac{\max x_i - x_i}{\max x_i - \min x_i} \quad (5-7)$$

(3) 计算灰色关联系数 ξ_{ik}

以规范后的数列 $X_0 = \{X_0(k) | k=1, 2, \cdots, n\}$ 作为参考数列,把 $X_i = \{X_i(k) | k=1, 2, \cdots, n\}, (i=1, 2, \cdots, m)$ 作为比较序列,计算灰色关联系数 ξ_{ik} 的公式如(5-8)所示。

$$\xi_{ik} = \frac{\min\limits_{i}\min\limits_{k} |X_0(k) - X_i(k)| + \rho \max\limits_{i}\max\limits_{k} |X_0(k) - X_i(k)|}{|X_0(k) - X_i(k)| + \rho \max\limits_{i}\max\limits_{k} |X_0(k) - X_i(k)|} \quad (5-8)$$

$i = 1, 2, \cdots, m; k = 1, 2, \cdots, n$

式中,ρ 为分辨系数,$\rho \in [0, 1]$。

利用公式(5-8),得到关联度系数矩阵 $\boldsymbol{E}$:

$$E = (\xi_{ik})_{m \times n} = \begin{bmatrix} \xi_{11} & \xi_{12} & \cdots & \xi_{1n} \\ \xi_{21} & \xi_{22} & \cdots & \xi_{2n} \\ \vdots & \vdots & & \vdots \\ \xi_{m1} & \xi_{m2} & \cdots & \xi_{mn} \end{bmatrix}$$

(4) 构造陆上能源通道各层次判断矩阵。

(5) 陆上能源通道指标权值计算及一致性检验。

(6) 陆上能源通道灰色综合评估结果。

将层次分析法计算的各指标权值 $P = [P_1, P_2, \cdots, P_n]$ 代入指标灰色关联度系数矩阵 $E_{m \times n}$，求得 m 个陆上能源通道各个国家的综合评估结果矩阵 $R_{m \times 1}$。即：$R = EP^\mathrm{T}$。

(7) 评估分析。

根据综合评估结果对各个陆上能源通道相关国家进行排序和原因分析，并基于评估目的提出决策参考。

5.5 陆上能源通道风险评估实证研究

首先从世界银行数据库(WB)、世界发展指数数据库(WDI)、国际国家风险指南(ICRG)[①]等多个数据库获取 9 个通道沿线国家 2013—2019 年间的 22 项指标对应数据，部分指标数据如表 5-3 所示。全部原始指标数据详见附录 2。

表 5-3 陆上能源通道沿线国家原始指标数据(部分)

国家	年份	该国公民受教育水平	该国承包商施工水平	…	恐怖主义风险指数	社会安全
俄罗斯	2013	6.000	0.750	…	6.850	8.900
	2014	6.000	0.700	…	6.760	0.850
	2015	6.000	0.700	…	6.207	0.870
	2016	6.000	0.650	…	5.430	1.040
	2017	6.000	0.650	…	5.429	1.040
	2018	6.000	0.650	…	5.230	1.040
	2019	6.000	0.650	…	4.900	1.040

---

① 张明, 王碧珺. 中国海外投资国家风险评级报告 2020[M]. 北京：中国社会科学出版社, 2020. 该书对部分数据库指标数据加以整理，对本书指标数据的整理帮助巨大。

第5章 基于AHP-GRAP方法的"一带一路"倡议下我国陆上能源通道风险评估

续表

国家	年份	该国公民受教育水平	该国承包商施工水平	...	恐怖主义风险指数	社会安全
	2013	4.000	0.050	...	0.270	3.200
乌兹别克斯坦	...	...	...	...	...	...
	2019	5.000	0.050	...	0.019	1.550
...	...	...	...	...	...	...
	2013	3.000	0.000	...	9.140	7.800
巴基斯坦	...	...	...	...	...	...
	2019	3.000	0.000	...	7.889	4.410
	2013	4.000	0.500	...	5.000	4.800
	2014	4.000	0.500	...	4.900	2.000
	2015	4.000	0.500	...	4.222	1.740
伊朗	2016	4.000	0.500	...	3.946	1.550
	2017	4.000	0.500	...	3.714	1.550
	2018	4.000	0.500	...	4.399	1.550
	2019	4.000	0.500	...	4.717	1.550

根据指标性质,运用归一化公式,对指标数据进行规范化处理。指标归一化数据如表5-4所示。

表5-4 表5-3的指标归一化数据

国家	年份	该国公民受教育水平	该国承包商施工水平	...	恐怖主义风险指数	社会安全
	2013	0.000	0.000	...	0.731	1.000
	2014	0.000	0.067	...	0.721	0.018
	2015	0.000	0.067	...	0.662	0.021
俄罗斯	2016	0.000	0.133	...	0.580	0.041
	2017	0.000	0.133	...	0.579	0.041
	2018	0.000	0.133	...	0.558	0.041
	2019	0.000	0.133	...	0.523	0.041

续表

国家	年份	该国公民受教育水平	该国承包商施工水平	…	恐怖主义风险指数	社会安全
乌兹别克斯坦	2013	0.400	0.933	…	0.029	0.305
	…	…	…	…	…	…
	2019	0.200	0.933	…	0.002	0.104
巴基斯坦	2013	0.600	1.000	…	1.000	0.788
	…	…	…	…	…	…
	2019	0.600	1.000	…	0.842	0.452
伊朗	2013	0.400	0.333	…	0.534	0.500
	2014	0.400	0.333	…	0.523	0.159
	2015	0.400	0.333	…	0.451	0.127
	2016	0.400	0.333	…	0.421	0.104
	2017	0.400	0.333	…	0.396	0.104
	2018	0.400	0.333	…	0.469	0.104
	2019	0.400	0.333	…	0.503	0.104

5.5.1 陆上能源通道风险概率评估过程

1. 通道沿线国家各指标灰色关联矩阵求解

以各项归一化指标最大值作为参考序列，并以9个国家2013—2019年（合计63项）对应指标数据序列作为比较序列。运用公式 $y_i = \dfrac{x_i - \min x_i}{\max x_i - \min x_i}$，代入上述各国归一化指标数据，借助MATLAB2018执行运算。求得9个沿线国家2013—2019年的各指标关联系数矩阵 E，具体算法见附录3。

2. 计算各项指标权值

主要依据专家对各层次指标重要性的判断，设定判断矩阵，首先综合专家意见，设定微观层次与宏观层次的权值分别为0.4与0.6。

微观层次4项子指标（人员素质、设施条件、周边环境和运营管理）的重要性判断矩阵为

第 5 章 基于 AHP-GRAP 方法的"一带一路"倡议下我国陆上能源通道风险评估

$$A = \begin{bmatrix} 1 & \frac{1}{5} & \frac{1}{3} & \frac{1}{4} \\ 5 & 1 & 3 & 2 \\ 3 & \frac{1}{3} & 1 & \frac{1}{2} \\ 4 & \frac{1}{2} & 2 & 1 \end{bmatrix}$$

设施条件 3 项子指标(该国公民受教育水平、该国承包商施工水平和物流绩效指数)重要性判断矩阵为

$$A_2 = \begin{bmatrix} 1 & \frac{1}{5} & \frac{1}{3} \\ 5 & 1 & 3 \\ 3 & \frac{1}{3} & 1 \end{bmatrix}$$

运营管理 4 项子指标(该国公民受教育水平、物流绩效指数、公共部门有效性和该国私营部门能源投资)重要性判断矩阵为

$$A_4 = \begin{bmatrix} 1 & \frac{1}{4} & \frac{1}{3} & \frac{1}{3} \\ 4 & 1 & 2 & 2 \\ 3 & \frac{1}{2} & 1 & 1 \\ 3 & \frac{1}{2} & 1 & 1 \end{bmatrix}$$

宏观层次 3 项子指标(政治环境、经济环境和社会环境)的重要性判断矩阵为

$$B = \begin{bmatrix} 1 & 3 & 3 \\ \frac{1}{3} & 1 & 1 \\ \frac{1}{3} & 1 & 1 \end{bmatrix}$$

政治环境 5 项子指标(政局稳定性、双边政治关系、外部冲突指数、内部冲突指数和恐怖主义风险指数)重要性判断矩阵为

$$B_1 = \begin{bmatrix} 1 & 2 & 3 & 5 & 4 \\ \dfrac{1}{2} & 1 & 2 & 4 & 3 \\ \dfrac{1}{3} & \dfrac{1}{2} & 1 & 3 & 2 \\ \dfrac{1}{5} & \dfrac{1}{4} & \dfrac{1}{3} & 1 & \dfrac{1}{2} \\ \dfrac{1}{4} & \dfrac{1}{3} & \dfrac{1}{2} & 2 & 1 \end{bmatrix}$$

经济环境 6 项子指标(贸易开放度、汇率波动程度、贸易依赖度、公共债务/GDP、外债/外汇储备和银行业不良资产比重)重要性判断矩阵为

$$B_2 = \begin{bmatrix} 1 & 2 & \dfrac{1}{3} & \dfrac{1}{2} & 1 & 3 \\ \dfrac{1}{2} & 1 & \dfrac{1}{4} & \dfrac{1}{3} & \dfrac{1}{2} & 2 \\ 3 & 4 & 1 & 2 & 3 & 5 \\ 2 & 3 & \dfrac{1}{2} & 1 & 2 & 4 \\ 1 & 2 & \dfrac{1}{3} & \dfrac{1}{2} & 1 & 3 \\ \dfrac{1}{3} & \dfrac{1}{2} & \dfrac{1}{5} & \dfrac{1}{4} & \dfrac{1}{3} & 1 \end{bmatrix}$$

社会环境 3 项子指标(内部冲突指数、恐怖主义风险指数和社会安全)重要性判断矩阵为

$$B_3 = \begin{bmatrix} 1 & \dfrac{1}{2} & 3 \\ 2 & 1 & 4 \\ \dfrac{1}{3} & \dfrac{1}{4} & 1 \end{bmatrix}$$

其余各项指标判断矩阵计算结果也均通过一致性检验,最终计算求得的二级指标和三级指标权值如表 5-5 所示。

第5章 基于 AHP-GRAP 方法的"一带一路"倡议下我国陆上能源通道风险评估

表 5-5 各层指标权值

序号	二级指标	权值	三级指标	权值
1	人员素质	0.073	该国公民受教育水平	0.059
2	设施条件	0.473	该国承包商施工水平	0.120
3	周边环境	0.170	物流绩效指数	0.098
4	运营管理	0.284	地质灾害烈度	0.068
5	政治环境	0.600	公共部门有效性	0.027
6	经济环境	0.200	该国私营部门参与的能源投资	0.027
7	社会环境	0.200	政局稳定性	0.151
8			双边政治关系	0.095
9			外部冲突指数	0.058
10			贸易开放度	0.016
11			汇率波动程度	0.010
12			贸易依赖度	0.044
13			公共债务/GDP	0.028
14			外债/外汇储备	0.016
15			银行业不良资产比重	0.006
16			内部冲突指数	0.061
17			恐怖主义风险指数	0.102
18			社会安全	0.015

3. 计算通道各国风险概率

将18项三级指标权值向量 P 代入9个沿线国家2013—2019年各指标灰色系数矩阵 E，运用公式 $R=EP^T$，借助 MATLAB2018 执行运算，得到9个国家2013—2019年风险概率，再借助 Origin2017 将结果以可视化方式呈现，如图5-3 所示。

由图5-3可知，自"一带一路"倡议提出以来，陆上能源通道沿线国家风险概率整体呈下降趋势，哈萨克斯坦的风险概率略有上升。以2013年各国风险概率看，大致可分为四个水平，哈萨克斯坦和俄罗斯为较低风险概率，乌兹别克斯坦和土库曼斯坦为中等风险概率，吉尔吉斯斯坦、塔吉克斯坦和伊朗为稍高风险概率，巴基斯坦和缅甸为高风险概率。发展至2019年，俄罗斯和乌兹别克斯坦处在较低风险概率，哈萨克斯坦、伊朗和土库曼斯坦介于较低风险概率和中等风险概率之间,塔吉克斯坦和吉尔吉斯斯坦为中等风险概率,巴基斯坦和缅甸风险概率有所降低,但仍然处于较高风险概率。

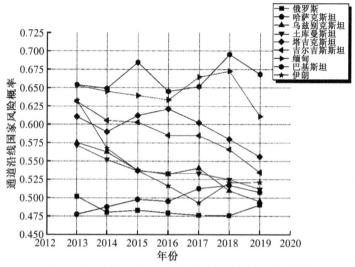

图 5-3　陆上能源通道沿线国家风险概率可视化图

5.5.2　陆上能源通道风险概率评估

根据陆上能源通道线路走向,将途经国家的风险概率进行加权求和,计算得到陆上能源通道风险概率。此处对权值的确定将综合考虑通道经过相应国家的距离和跨越相应国家行政区划的数量,最终以经过的行政区划面积占国家总面积的比重进行定权。其中部分国家还需要引入调节系数,例如俄罗斯国土面积辽阔,但本书仅按 35% 为准计算有效面积,同时在计算行政区划面积时,对于东西伯利亚地区按 0.85 作为调节系数;此外,对于缅甸和巴基斯坦,由于能源通道经过的行政区存在较大的综合风险,因此分别引入 1.2 和 1.1 作为调节系数。

具体计算公式如下:

$$P_n = \sum_{i=1}^{j} \omega_i Q_i \tag{5-9}$$

$$\omega_i = \delta \frac{S_{p_i}}{S_{c_i}} \tag{5-10}$$

式中,P_n 为通道 n 的风险概率,i 为通道经过的相应国家,j 为通道经过国家的数量,ω_i 为相应国家 i 的权重,Q_i 为相应国家 i 的风险概率;S_{p_i} 为通道经过相应国家 i 的行政区划面积,S_{c_i} 为相应国家 i 的总面积,δ 为调节系数,除特别说明外，δ一般取1。

运用公式(5-9)和公式(5-10)，求得陆上能源通道风险概率，借助Origin2017绘制陆上能源通道风险概率可视化图，如图5-4所示。

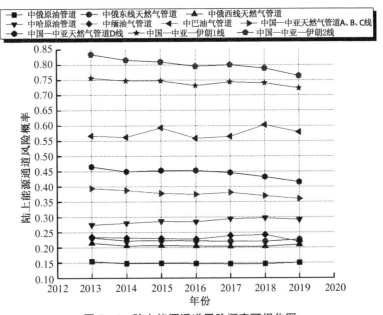

图5-4 陆上能源通道风险概率可视化图

从图5-4可知，我国陆上能源通道风险概率整体呈下降态势，中哈原油管道风险概率略微上升，中巴油气管道风险概率窄幅震荡。再以风险概率值等于0.3和0.6为界，将上述能源管道大致分为三类：中俄原油管道、中俄东线天然气管道、中缅油气管道、中俄西线天然气管道和中哈原油管道为较低风险概率；中国—中亚天然气管道A、B、C线，中国—中亚天然气管道D线和中巴油气管道为中等风险概率；而中国—中亚—伊朗1线和中国—中亚—伊朗2线为高风险概率。

5.5.3 陆上能源通道风险评估及结果分析

基于"风险=损失×概率"表达式，以通道设计输送量为风险损失，代入上述计算所得的各通道风险概率，得到陆上能源通道风险。下面将分别对原油通道风险和天然气通道风险进行评估研究。

1. 原油通道风险评估及结果分析

（1）已建成运营的陆上原油通道

已建成的陆上原油通道包括中俄原油管道、中缅油气管道和中哈原油管道,以设计输送量为原油通道风险损失,代入上述各通道风险概率,借助Origin2017绘制已建成的陆上原油通道风险可视化图,如图5-5所示。

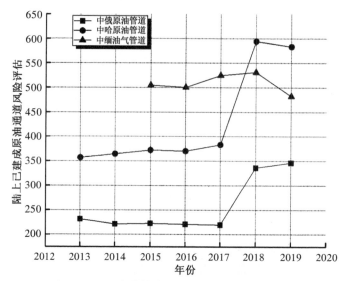

图5-5 已建成的陆上原油通道风险可视化图

由图5-5可知,在已建成运营的原油通道中,以最近的2019年风险水平为准,各原油管道风险排序为:中哈原油管道>中缅油气管道>中俄原油管道。

此外,中俄原油管道风险和中哈原油管道风险在2018年出现明显增长,这主要是由于2018年中哈原油管道输送量由1300万t/a提升至2000万t/a,且中俄原油管道输送量由1500万t/a提升至2300万t/a。中缅油气管道风险呈现下降态势,主要是由于中缅油气管道输送量保持稳定,且国家风险概率略有下降。

(2) 待规划建设的陆上原油通道

目前,我国已建成的石油通道设计输送量每年达6500万t,远不及2019年中国原油进口量50 572万t的20%,同时考虑到9%左右的增长速度,若希望实现陆上能源通道分担原油进口20%比重的目标,则必须进一步加强我国陆上能源通道的规划与建设,尤其是能源管道的规划和建设。按年均6%的增速,至2030年,我国原油进口量将超90 566万t,那么经陆上管道运输的原油量合计理应达到18 000万t。

本书涉及的待规划建设陆上原油通道包括中巴油气管道、中国—中亚—伊朗1线和中国—中亚—伊朗2线。其中,待规划建设的能源通道将结合地区能源分布、我国需求情况和管道技术水平估计其设计输送量的范围。

第5章 基于 AHP-GRAP 方法的"一带一路"倡议下我国陆上能源通道风险评估

中巴油气管道若建成,其主要是转运来自波斯湾和北非地区的原油,参照中缅油气管道,该线路设计输送量超过 2200 万 t/a,同时考虑到管道技术,一般不会超过 5000 万 t/a 的运输量。而对于中国—中亚—西亚陆上能源通道的构想,线路暂定为中国—中亚—伊朗 1 线和中国—中亚—伊朗 2 线,仅伊朗方面每年出口至我国的石油已超过 2000 万 t,并且西亚地区油源充足,不过同样考虑到管道技术,一般也不超过 5000 万 t/a。因此,将该 3 条原油通道的输送量范围均设定为 2200 万～5000 万 t/a,并以 2013—2019 年通道风险概率的平均值作为预估风险概率的估计值,借助 Origin2017 绘制待规划建设的陆上原油通道风险可视化图,如图 5-6 所示。

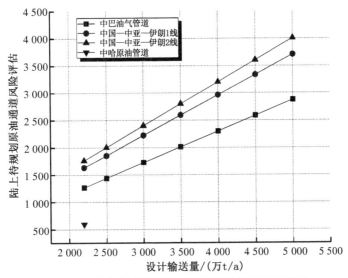

图 5-6 待规划建设的陆上原油通道风险可视化图

上述 3 条原油通道仍处于待规划建设阶段,并未实施,其值仅为风险估计值。如图 5-6 所示,若按对应通道输送量(2200 万～5000 万 t/a)进行设计,则中国—中亚—伊朗 2 线在同等设计输送量下的风险水平最高。再与已建成的设计输送量 2000 万 t/a 的中哈原油管道风险进行比较,上述 3 条原油通道风险显著较高。

2. 陆上天然气通道风险评估及结果分析

我国陆上天然气管道的建设格局已大体确定。已建成的天然气通道包括中俄东线天然气管道、中国—中亚天然气管道 A、B、C 线和中缅油气管道;正在建设中的有中国—中亚天然气管道 D 线;待规划建设的有中俄西线天然气管道。此处不再按通道建设进度分别研究。已建成运营的和建设中的天然气通道风险损失按设计输送量为准;待规划建设的天然气通道则结合地区能源分布、我国需求情况和管道技术水平估计设计输送量的范围。

待规划建设的中俄西线天然气管道线路气源储量丰富,设计输送量将主要取决于我国的天然气市场需求。2019 年,我国进口天然气 1322 亿 m^3,增速降至 6.5%,为达成天然气进口量全部可由陆上通道运输的目标,中俄西线天然气管道设计输送量应在 300 亿~400 亿 m^3/a 较为适合。最后以 2013—2019 年通道风险概率的平均值作为建设中和待规划建设的通道预估风险概率估计值,借助 Origin2017 绘制陆上天然气通道风险可视化图,如图 5-7 所示。

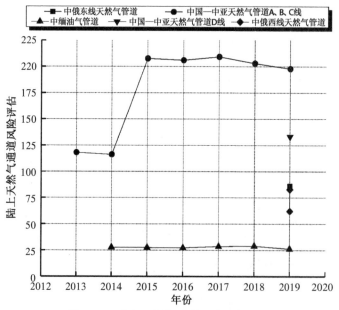

图 5-7　陆上天然气通道风险可视化图

由图 5-7 可知,已建成运营的天然气管道风险排序为:中国—中亚天然气管道 A、B、C 线>中俄东线天然气管道>中缅油气管道。

中国—中亚天然气管道 A、B、C 线在 2015 年突增,主要原因是 C 线于 2015 年运营后将该通道输送量由 300 亿 m^3/a 提升至 550 亿 m^3/a,使中国—中亚天然气管道 A、B、C 线成为我国陆上进口天然气份额最高的通道。中俄东线天然气管道于 2019 年通气,因此图 5-7 中仅有 2019 年的风险评估值。中缅油气管道的天然气输送量较小,因此该通道风险较低。

将建设中和待规划建设的天然气通道一并讨论,与 2019 年各通道风险水平相比,D 线估计的通道风险位列第二。不过,在图 5-7 中还不难发现中国—

中亚天然气管道 D 线的风险估计值略高于中国—中亚天然气管道 A、B、C 线 2015 年前的风险水平,这主要由于途经国家风险概率较高。此外,待规划建设的中俄西线天然气管道风险的估计范围低于中国—中亚天然气管道 D 线,与中俄东线天然气管道风险相近,高于中缅油气管道。

5.6 对策建议

完善我国陆上能源通道的线路规划和输送量设计,可有效减轻对海上通道的依赖,适当分散能源运输风险,是保障我国能源供应安全的战略考量。本书依据对我国陆上能源通道风险评估过程的思考与结果的分析,针对我国陆上能源供应安全保障提出以下建议:

1. 科学制定我国陆上能源进口目标份额。当前,海上运输仍是我国能源进口的最主要方式,这是综合考虑能源运输量和经济成本之后做出的决策。但是,从战略层面讲,我国应具有风险防范意识,并思考与准备在极特殊情况下的备选方案。这时,做出决策的重点更多应当放在保障能源运输量上,而对经济成本有所放开,这是发展陆上能源通道的目的之一。上文在分析待规划建设能源通道时主要参考了部分专家学者的意见,假定陆上原油进口份额达到原油进口总额的 20%,陆上天然气进口承担全部进口份额,这仍然是还需综合讨论的问题,并且至关重要。这项目标份额的科学制定至少应涉及对我国能源储备现状、极端情况下我国的能源需求、运输经济成本、通道建制技术和周边安全环境等因素的综合考虑。

2. 根据我国陆上能源通道风险评估结果分配保障资源。海外利益安全保障是我国近来愈发关注的重点,针对我国陆上能源通道风险概况,国家应当根据各通道风险水平和变化趋势确定重点区域,合理分配保障资源,以应对可能发生的风险。以本书的陆上能源通道风险评估结果为例,中哈原油管道和中国—中亚天然气管道 A、B、C 线在已建成运营的能源通道中风险最高,并且中哈原油管道风险整体呈上升态势。这是需要特别关注的地方,进而就具体原因进行深入分析,以合理分配保障资源。

经追溯发现,中哈原油管道风险较高且呈上升态势的主要原因有:

① 风险损失增加。俄罗斯自 2018 年起每年借道中哈原油管道增运 700 万 t 原油至中国。

② 风险概率增大。主要诱因包括哈萨克斯坦的政局稳定性降低,该国管道承包商建设技术发展滞缓和双边政治关系略有波动。

而中国—中亚天然气管道 A、B、C 线风险较高的主要原因有：

① 风险损失较大。该通道设计输送量为 550 亿 m^3/a，是我国陆上天然气进口份额最高的线路。

② 风险概率较大。该通道跨越了土库曼斯坦、乌兹别克斯坦和哈萨克斯坦等境外国家,风险来源考虑因素较多,这些国家的管道建设工艺均继承了苏联的标准,有较好的基础,但近年来的技术发展相对滞缓。

经上述风险剖析,我们可以明确当前我国陆上能源通道的重点区域在西北部。西北方向承载了我国最大的陆上能源进口份额,因此应当投入更多的人力和物力保障。

3. 依据我国陆上能源进口目标份额,结合陆上能源通道风险评估结果,规划后续通道线路。经粗略计算,可知我国当前的陆上能源通道即使在设计输送量满载的情况下仍未满足陆上进口份额的要求,因此,我国需要着力突破当前的陆上能源运力限制。以本章的研究结果看,陆上原油通道的建设需求比陆上天然气通道的建设需求更高。待中国—中亚天然气管道 D 线建成之后,仅需再增加一条年输送量在 300 亿 m^3 的天然气通道即可保障我国全年的天然气进口需求;而原油通道的后续建设规划与设计任重道远。

以 2019 年我国原油进口数据来看,西亚地区、俄罗斯、非洲和南美洲是我国的进口原油主要来源地。再从本章的陆上能源通道风险评估结果看,中俄原油管道风险概率较低,是后续线路规划的首选;而中巴油气管道和中国—中亚—伊朗油气通道的风险概率均较高,需要根据后期地区综合环境的变化再做判断。结合当前的国际形势看,巴基斯坦国内综合安全环境改善并不显著,而中国—中亚—伊朗油气管道线路途经国家较多,风险不可控因素较大,因此,从风险角度考量,在这两个方向建设陆上原油通道的构想暂不成熟。不过较好的方面是中俄关系持续向好发展,本章对中俄能源通道的评估结果也较好,因此,可对中俄陆上原油通道展开新线路的规划与设计。

4. 结合我国陆上能源通道风险评估结果,科学设计后续规划通道的能源输送量。一般而言,当通道风险概率较高时,设计输送量应当保持谨慎。以本章的评估结果为例,若需要建设中巴油气管道,那么在当前的风险概率下,为保证风险的可接受性,则油气输送量不能设计过高,否则将消耗大量的人力和物力,经济效益较低的同时对风险的分散效果也并不明显。

第6章

基于SWOT分析法的"一带一路"沿线国家机遇与风险评估研究

"一带一路"沿线国家的具体形势不同,其机遇和风险也是不同的,但是从我国企业的角度而言,需要有一个普遍的方法来进行分析和研究,从而对"一带一路"沿线国家的机遇与风险进行整体分析。本书采用 SWOT 分析法来研究"一带一路"沿线国家的机遇与风险。

6.1 SWOT 分析法

SWOT 分析法,其中 SWOT 分别是 Strength(优势)、Weakness(劣势)、Opportunity(机遇)、Threat(威胁)的首字母。SWOT 分析法也称态势分析法,即把研究对象的优势、劣势、机遇和威胁等因素,通过调查、分析找出来,并把这四个方面的因素按照矩阵形式排列,分别分析和制定应对措施和策略。内部条件包括优势(S)与劣势(W)。优势既可以包括客观条件,也可以包括主观条件。劣势既可以包括自身已经存在的问题,也可以包括战略实施过程中发现的问题。外部环境包括机遇(O)与威胁(T)。机遇既可以指外部环境中产生的需求、有利因素或者形势,也可以指发挥主观能动性创造的有利形势。威胁指外部环境中的风险与挑战。

20 世纪 80 年代,美国旧金山大学教授韦里克正式提出 SWOT 分析法。它最初常应用于分析企业战略,后来也开始应用于城市规划、区域经济、国家战略等。SWOT 分析法的主要目的是构建一套高效简洁的策略系统,将具有复杂性或困难性的问题陈列出来,由此制定合理战略和竞争对策。

6.2 基于 SWOT 分析法的"一带一路"沿线国家机遇与风险评价

下面谈论基于 SWOT 分析法的"一带一路"沿线国家机遇与风险评价的基本步骤。

6.2.1 基于 SWOT 分析法的"一带一路"沿线国家机遇与风险评价因素分析

1. "一带一路"沿线国家优势与劣势(SW)分析

由于"一带一路"沿线国家是一个整体,因此将"一带一路"沿线国家与竞争对手做详细的对比,如市场优势、技术优势、能源优势、交通优势、人力优势、区位优势、国际关系优势、资源优势、地缘格局优势和战略地位优势等,并把相应的劣势分析出来,例如技术劣势、资源劣势、物流劣势、人力劣势、区位劣势、经济结构劣势、经济封锁压制政策、民族差异、种族冲突和文化差异等。如果某个"一带一路"沿线国家在某一方面或几个方面的优势正是该"一带一路"沿线国家应具备的关键成功要素,那么,该"一带一路"沿线国家的综合竞争优势也许就强一些。

第6章 基于SWOT分析法的"一带一路"沿线国家机遇与风险评估研究

需要指出的是,衡量一个"一带一路"沿线国家是否具有竞争优势,只能站在现有不仅要注重整体效益,而且要注意主要效益以及行业的角度。

2. "一带一路"沿线国家机遇与威胁(OT)分析

"一带一路"沿线国家机遇与威胁分析,就是调查研究得出各种可能的机遇,比如通商机遇、通路机遇、通航机遇、通港机遇、基础设施建设机遇、能源建设机遇、信息产业机遇、市场开放带来的机遇、资源或者技术比较优势带来的机遇和响应"一带一路"倡议等带来的机遇等;并根据前面定量评估的"一带一路"沿线国家的威胁大小程度进行排序,比如经济风险威胁、金融风险威胁、社会风险威胁、自然风险威胁、国际动荡风险、政治因素的威胁、地缘政治带来的威胁、历史遗留问题带来的威胁等。

3. 构造"一带一路"沿线国家机遇与风险评估的SWOT矩阵

把上述四个方面结合起来,即可以得到"一带一路"沿线国家的机遇与风险评估的SWOT矩阵,如表6-1所示。

表6-1 "一带一路"沿线国家的机遇与风险评估的SWOT矩阵

内部优势	内部劣势
1. 技术优势 2. 能源优势 3. 交通优势 4. 人力优势 5. 区位优势 6. 国际关系优势 7. 资源优势 8. 地缘格局优势 9. 战略地位优势 10. 市场优势 ……	1. 技术劣势 2. 资源劣势 3. 物流劣势 4. 人力劣势 5. 区位劣势 6. 经济结构劣势 7. 经济封锁压制政策 8. 民族差异劣势 9. 种族冲突劣势 10. 文化差异 ……
外部机遇	外部威胁
1. 通商机遇 2. 通路、通航、通港机遇 3. 基础设施建设机遇 4. 能源建设机遇 5. 信息产业机遇 6. 市场开放带来的机遇 7. 资源或者技术比较优势带来的机遇 8. 文化交流带来的机遇 9. 响应"一带一路"倡议等带来的机遇 ……	1. 经济风险威胁 2. 金融风险威胁 3. 社会风险威胁 4. 自然风险威胁 5. 国际动荡风险 6. 政治因素的威胁 7. 地缘政治带来的威胁 8. 历史遗留问题带来的威胁 9. 国际力量的对峙风险 10. 公共卫生事件的威胁 ……

6.2.2 "一带一路"沿线国家的机遇与风险SWOT决策模型

1. 决策方法的选取及计算

通过比较分析,选用合适的评分法,对各个因素按照等级进行评价打分,建立了外部因素评价矩阵和内部因素评价矩阵,构建"一带一路"沿线国家的机遇与风险SWOT评价矩阵,如表6-2所示。

表6-2 "一带一路"沿线国家的机遇与风险的SWOT评价矩阵

		因素	S	W	O	T
内部	优势	S_1				
		S_2				
		...				
		S_n				
	劣势	W_1				
		W_2				
		...				
		W_m				
外部	机遇	O_1				
		O_2				
		...				
		O_i				
	威胁	T_1				
		T_2				
		...				
		T_j				
合计						

2. 分析总体优势、总体劣势、总体机遇和总体威胁情况

总体优势$S_总$的值为各个优势因素的评分之和。

$$S_总 = S_1 + S_2 + \cdots + S_n \tag{6-1}$$

总体劣势$W_总$的值为各个劣势因素的评分之和。

$$W_总 = W_1 + W_2 + \cdots + W_m \tag{6-2}$$

总体机遇$O_总$的值为各个机遇因素的评分之和。

第6章 基于SWOT分析法的"一带一路"沿线国家机遇与风险评估研究

$$O_{总}=O_1+O_2+\cdots+O_i \qquad (6-3)$$

总体威胁 $T_{总}$ 的值为各个威胁因素的评分之和。

$$T_{总}=T_1+T_2+\cdots+T_j \qquad (6-4)$$

3. 内部总体环境和外部总体环境

"一带一路"沿线国家的内部环境总体情况为

$$V_{内}=S_{总}-W_{总} \qquad (6-5)$$

"一带一路"沿线国家的外部环境总体状况为

$$V_{外}=O_{总}-T_{总} \qquad (6-6)$$

4. 综合评价

得到综合评价坐标点 G 的坐标$(V_{内},V_{外})$,从而得出战略决策是SO、WO、ST、WT中的哪一种类型,从而得出基于SWOT分析法的"一带一路"沿线国家的机遇与风险评价策略。

6.3 结论

SWOT分析法在定性研究的同时,采取简化、快捷的手段,从定量角度通过建立"一带一路"沿线国家的外部因素评价矩阵和内部因素评价矩阵,建立了SWOT总决策矩阵,将"一带一路"沿线国家的战略定位及竞争态势做定量化分析。但SWOT战略决策型的主要不足之处是,因素的确定以及对各因素分值、权重的确定难以准确量化,而且也会随着客观因素的变化而改变,在一定程度上会影响定量战略决策模型运用的准确性,但是这个形势需要收集更多的客观资料。

"一带一路"沿线国家的机遇与风险评估的SWOT分析法是一种具有普适性的方法,由于"一带一路"沿线国家的具体国情不同,其优势、劣势、机遇和威胁也会不同,因此,SWOT矩阵也会有所不同,需要针对具体国家再做深入的调查和研究,从而构造成各具特点而又有针对性的机遇与风险评估的SWOT矩阵。

"一带一路"沿线国家机遇与风险评估的SWOT分析法的着重关注内容如下:

(1) 进行SWOT分析的时候必须对"一带一路"沿线国家的优势与劣势有客观的认识。

(2) 进行SWOT分析的时候必须区分"一带一路"沿线国家的现状与前景。

(3) 进行SWOT分析的时候必须考虑在"一带一路"沿线国家的全面分析的基础上抓住主要的矛盾。

(4) SWOT 分析法会因为"一带一路"沿线国家不同,使得具体构造的 SWOT 矩阵也会有所不同。

运用 SWOT 分析法来研究"一带一路"沿线国家的机遇与风险,其结果对"一带一路"沿线国家实际的应用,具有很强的针对性和决策性。

6.4 制定"一带一路"沿线国家的机遇捕捉和风险防范策略

完成"一带一路"沿线国家机遇与风险的 SWOT 矩阵的构造后,便可以制定出相应的行动计划和策略。制定"一带一路"沿线国家的机遇捕捉和风险防范策略的基本思路是:发挥"一带一路"沿线国家优势因素,克服"一带一路"沿线国家劣势因素,利用"一带一路"沿线国家机遇因素,规避"一带一路"沿线国家威胁因素,确定与"一带一路"沿线国家合作的具体项目及领域等。

第7章

"一带一路"沿线国家机遇与风险综合评估

"一带一路"倡议既面临着开放机遇、产业合作发展机遇、文化交流机遇、经贸增长机遇,同时也面临着政治风险、安全风险、经济风险、社会风险等。机遇与风险并存交织,风险中蕴含着机遇,机遇中隐藏着风险,所以研究"一带一路"沿线国家机遇与风险评估问题,既需要在一定程度风险条件下考虑可期收获的机遇,又要在机遇可望的情况下充分衡量好可承受的风险概率。因此,这是一个多目标规划问题。

7.1 多目标处理方法

"一带一路"沿线国家机遇与风险评估问题是一个多目标规划问题。多目标规划问题是运筹学里面的一个分支,在一个实际的评估问题中,常常是由多种因素决定的。这些因素之间可能是互相矛盾的,需要用多个指标来综合衡量。

多目标处理问题的方法有线性加权法、层次分析法、理想点法、优劣解距离法(Technique for Order Preference by Similarity to an Ideal Solution,TOPSIS)、灰色关联度评价方法等。[1]

(1) 线性加权法的特点是根据各个因素的重要程度不同而赋予其不同的权重,并将多个因素评价的问题采用线性加权的方式变成了一个单目标的形式,线性加权法中也可以将指标定性与定量结合,使得线性加权法在评价的时候更直观。

(2) 层次分析法,一种定性与定量相结合的多因素综合评价方法。该方法可根据领域专家的经验判断因素的权重大小,它对于实际数据缺乏或者难以收集的情况更为实用。

(3) 理想点法是一种依据目标评价的各个因素的指标值与相应理想指标值的接近程度来对评价目标进行排序的方法。

(4) TOPSIS法由 C. L. Hwang 和 K. Yoon 于 1981 年首次提出,是一种根据评价对象的有限个评价因素与理想化值的接近程度进行排序的方法。其原理是通过计算评价对象的各个因素与最优解、最劣解的距离来进行排序,根据评价对象的各个因素与接近最优同时又最远离最劣解的综合程度来判断评价对象好坏程度。

(5) 灰色关联度评价方法,它对于一个评价对象的发展变化态势提供了量化的度量,非常适合评价对象的动态历程分析。具体计算步骤为:①确定反映评价对象的参考数列和评价对象的实际数列;② 对参考数列和比较数列进行无

---

[1] 杜栋,庞庆华. 现代综合评价方法与案例精选[M]. 4 版. 北京:清华大学出版社,2021.

量纲化处理;③ 求参考数列与比较数列的灰色关联系数;④ 求关联度;⑤ 根据关联度对评价对象进行排序。

7.2 "一带一路"沿线国家机遇因素分析

"一带一路"是一项宏伟工程,它的构建进程涵盖多个城市和区域,包括庞大市场以及大量的要素调动,由此带来的各种挑战错综复杂。为了全面量化评估中国企业在"一带一路"相关国家投资面临的机遇因素,本书提出了关于"一带一路"沿线国家的机遇因素分析评估体系,主要有6个方面——经贸合作、互联互通、能源建设、文化旅游交流、基础设施建设、医疗卫生防疫合作,共计34个子指标。

7.2.1 经贸合作

经贸合作方面机遇代表中国企业能在对外投资发展中获利的可期有利基础和优势条件,主要包括沿线国家的经济体量、贸易规模、商业合作、产业创新、劳动力素质和自有经济实力。

其中,经济体量和贸易规模能够衡量一个国家的经济潜力,可以判断是否具有长期投资的良好基础。外商投资占比可以代表一个国家是否具有良好的商业合作基础。

产业创新机遇主要是指通过在其他国家进行产业转型升级或产业转移等带来的机遇。随着"一带一路"倡议的深入推进,中国的一些优质过剩产业将会转移到其他国家。由于产业转移引致的产业转型升级,比如技术改造、品牌创造等都会给投资者带来特定机遇。因此,在这里选择第三产业规模占比来衡量一个国家是否适合中国进行产业升级和转移。

劳动力素质包括劳动力成本和受教育程度,可以代表在一个国家投资建厂的成本水平。自有经济实力代表一个国家可以进行财政投资的能力。

经贸合作指标包含8个子指标,具体为:市场规模、经济增速、贸易规模、外商投资、劳动力成本、受教育程度、第三产业、自有资金能力(见表7-1)。

表 7-1 经贸合作指标

经贸合作指标	指标说明
市场规模	GDP总量/人口总量
经济增速	GDP增速

续表

经贸合作指标	指标说明
贸易规模	进出口总量
外商投资	外商投资占比＝外商投资合作规模/GDP
劳动力成本	所在国平均薪资与中国平均薪资之差
受教育程度	大中学教育普及率
第三产业	第三产业规模占比
自有资金能力	财政收入/政府债务

7.2.2 互联互通

互联互通方面的机遇主要是考虑通过基础设施建设、贸易便利化、投资便利化，以最终促进区域经济合作更加深入便利，主要包括基础设施建设、通路通航、政策相通。

通路通航指的是一个国家与中国之间的贸易往来通过航空、铁路、公路和航海运输方式的货运能力。政策相通指的是对华公民入境手续便利程度和相关经贸政策的优惠程度或者谈判情况。

互联互通指标包含6个子指标，具体为：航空货运量、铁路货运量、公路货运量、航海货运量、对华公民免签情况、商贸政策连通度（见表7-2）。

表7-2 互联互通指标

互联互通指标	指标说明
航空货运量	衡量航空货运能力，进出货物总额
铁路货运量	衡量铁路货运能力，进出货物总额
公路货运量	衡量公路货运能力，进出货物总额
航海货运量	衡量海上货运能力，进出货物总额
对华公民免签情况	对中国公民免签情况
商贸政策连通度	对华贸易政策谈判进度

7.2.3 能源建设

能源建设方面主要是指一个国家的资源储备情况和可开采程度以及相关的环境政策，这对中国企业开展相关合作具有重要参考意义，主要包括资源储量和开发、能源合作和环境政策。

能源建设指标包含4个子指标，具体为：资源总储量、资源开采力度、能源合作项目投资规模、对环境政策的重视程度(见表7-3)。

表7-3 能源建设指标

能源建设指标	指 标 说 明
资源总储量	已探明资源存储量,包括矿产石油等重要资源储量;1~10分,分数越高,表明资源存储越丰富
资源开采力度	已有的资源年度开采量;1~10分,分数越高,表明开采力度越大
能源合作项目投资规模	已有的或计划的能源合作项目投资规模;1~10分,分数越高,表明合作规模越大
对环境政策的重视程度	对环境议题的重视;1~10分,分数越高,表明环境政策越严厉

7.2.4 文化旅游交流

文化旅游交流方面主要是指一个国家的文化和旅游的潜在投资价值,包括对中华文化传播的欢迎程度、自身国家优秀科技文化的吸收力、与中国文化项目合作情况和旅游观光吸引力。

文化旅游交流指标包含4个子指标,具体为:文化传播、文化吸收、文化合作和旅游观光(见表7-4)。

表7-4 文化旅游交流指标

文化旅游交流指标	指 标 说 明
文化传播	孔子学院数量以及华人社区规模
文化吸收	中国留学生人数规模
文化合作	文化项目合作投资规模
旅游观光	入境旅游观光人数

7.2.5 基础设施建设

基础设施建设情况代表在一个国家投资的环境便利程度,而在基础设施建设方面的机遇主要是指与中国合作、中国援助的各种建设项目等涉及劳务输出的可获利机会。

基础设施建设指标包括9个子指标,具体为:公路建设、铁路建设、桥梁建设、隧道建设、港口建设、机场建设、医院建设、学校建设、民生建设等大型在建或计划建设的工程项目数量和投资规模(见表7-5)。

表 7-5 基础设施建设指标

基础设施建设指标	指标说明
公路建设	中国企业承建的公路总里程
铁路建设	中国企业承建的铁路总里程
桥梁建设	中国企业承建的桥梁总墩数
隧道建设	中国企业承建的隧道总长度
港口建设	中国企业承建的港口总个数
机场建设	中国企业承建的机场总个数
医院建设	中国企业承建的医院总个数
学校建设	中国企业承建的学校总个数
民生建设	中国企业承建的居民楼等生活设施总个数

7.2.6 医疗卫生防疫合作

医疗卫生防疫方面机遇主要是指中国与"一带一路"沿线国家的医疗物资合作数量、医务人员的合作规模以及防疫物资和疫苗数量。

医疗卫生防疫合作指标包括 3 个子指标，具体为：医疗物资合作数量、医务人员合作规模、防疫物资和疫苗数量（见表 7-6）。

表 7-6 医疗卫生防疫合作指标

医疗卫生防疫合作指标	指标说明
医疗物资合作数量	医疗物资总额
医务人员合作规模	相关医务人员总数
防疫物资和疫苗数量	防疫物资数量和相关疫苗总剂数

综上所述，得出"一带一路"沿线国家机遇评估指标体系如图 7-1 所示。

7.3 "一带一路"沿线国家综合评估模型

7.3.1 TOPSIS 评估方法

TOPSIS 评估方法的主要步骤为：

（1）构建初始化决策矩阵。设有 n 个待评价对象和 m 个评价指标，则原始数据可写为矩阵：

$$\boldsymbol{X} = (X_{ij})_{n \times m} \qquad (7-1)$$

（2）对高优、低优子指标分别进行同向处理与归一化变化：

① 对高优子指标：

第7章 "一带一路"沿线国家机遇与风险综合评估

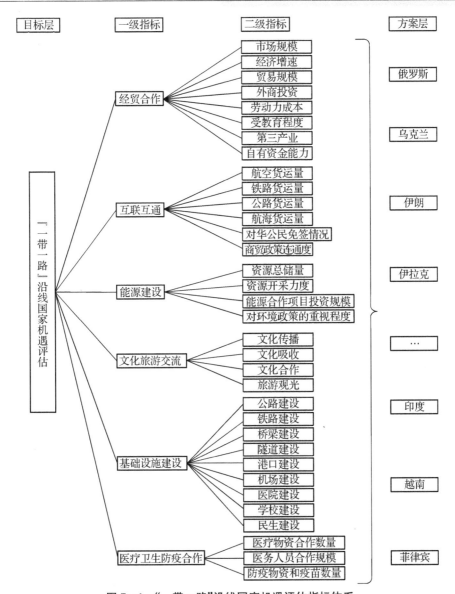

图 7-1 "一带一路"沿线国家机遇评估指标体系

$$Z_{ij} = \frac{X_{ij}}{\sqrt{\sum_{i=1}^{n} X_{ij}}} \qquad (7-2)$$

② 对低优子指标：

$$Z_{ij} = \frac{1/X'_{ij}}{\sum_{i=1}^{n}(1/X'_{ij})^2} \qquad (7-3)$$

得到归一化矩阵：

$$Z = (Z_{ij})_{n \times m} \quad (7-4)$$

(3) 给出各列由适宜值构成的最优、最劣向量分别记为：

$$\begin{cases} Z^+ = (Z_{\max 1}, Z_{\max 2}, \cdots, Z_{\max n}) \\ Z^- = (Z_{\min 1}, Z_{\min 2}, \cdots, Z_{\min n}) \end{cases} \quad (7-5)$$

(4) 求出第 i 个评价对象与最优、最劣方案的距离，分别为：

$$\begin{cases} D_i^+ = \sqrt{\sum_{j=1}^{m}(Z_{\max j} - Z_{ij})^2} \\ D_i^- = \sqrt{\sum_{j=1}^{m}(Z_{\min j} - Z_{ij})^2} \end{cases} \quad (7-6)$$

(5) 最后得出第 i 个评价对象与最优方案的接近程度为：

$$C_i = \frac{D_i^-}{D_i^+ + D_i^-} \quad (7-7)$$

(6) 依照上述求解方法对经济基础指标下的相关子指标进行处理，得到待评估国家的相应得分。

7.3.2 机遇综合评估模型

本书建立的综合机遇评估体系指标分为一级 4 项指标和与之相对应的子指标。对于其中定量的指标，本评估模型可直接处理。而对定性的指标，如商贸政策连通度、对环境政策的重视程度等，不能采取直接分析的方法。对此，本书采取两种处理方式，即运用其他机构的量化结果和由专家评委打分的方式，最后进行标准化处理。

这样，在每项一级指标内，采用上述 TOPSIS 数学模型结合子指标的相关数据对"一带一路"相关国家作机遇分析，之后得出在此指标下各国的机遇排序，最后依照所得排序打分，分数越高表示机遇越高。

对于指标权重的选择方面，考虑到经贸合作是中国企业海外投资机遇评级的重要考量点，互联互通和能源建设都是为经贸合作服务，重要程度不相上下，而文化旅游交流侧重于人心相通，医疗卫生防疫侧重于突发公共卫生事件，故本书采用不同的权重，如表 7-7 所示。

表 7-7 国家机遇评级指标权重

指标	权重
经贸合作	0.25

续表

指　　标	权　　重
互联互通	0.20
基础设施建设	0.20
能源建设	0.20
文化旅游交流	0.10
医疗卫生防疫	0.05

在此基础上,可建立如下线性加权方法的机遇综合评估模型为

$$J_i = \sum_{j=1}^{6} w_j y_{ij} \tag{7-8}$$

式中,J_i 为第 i 个国家综合得分,y_{ij} 为第 i 个国家在第 j 项指标下的总得分,w_j 为该项指标的权重。

上述的数学模型,综合考虑了主要机遇因素,最终可以得到每个"一带一路"相关国家在此评估体系下的机遇综合得分。根据综合得分可以对"一带一路"沿线国家的机遇进行分级。

7.4 基于风险阈值规避优先权的机遇评估决策树模型

在分别对"一带一路"沿线国家的机遇和风险评价结果的基础上,由于实际问题中,机遇往往是在承受一定的风险阈值上才可以抓住,因此机遇需要先规避一定阈值的风险,故建立基于风险阈值规避优先权的机遇评估决策树模型,模型构建如图7-2所示。

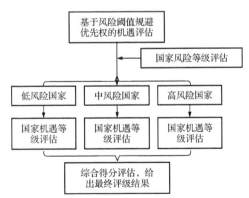

图7-2　基于风险阈值规避优先权的机遇评估决策树模型

首先是确定风险阈值。虽然部分国家的机遇评级非常高,但是同时可能有

重大风险,因此在综合评价时需要考虑国家的风险阈值。根据已经得到的"一带一路"国家风险评级结果,将所有国家的风险分为三个等级,即低风险国家、中风险国家和高风险国家。不同风险等级国家的风险阈值规避权重如表7-8所示。

表7-8　不同风险等级国家的风险阈值规避权重

	w_1	w_2
低风险国家	0.75	0.25
中风险国家	0.50	0.50
高风险国家	0.25	0.75

得到基于风险阈值规避优先权的机遇与风险综合模型的数学表达式为

$$T_i = w_1 \times J_i + w_2 \times (N - F_i) \tag{7-9}$$

式中,T_i 为第 i 个国家的综合评估等级,得分越低代表排名越靠前,即综合评价越高,w_1 和 w_2 为考虑风险阈值规避的权重,J_i 为第 i 个国家的机遇评估排名,F_i 为第 i 个国家的风险评估排名,N 为待评估国家总数。

通过以上模型,可以得到"一带一路"沿线国家的基于风险阈值规避优先权的机遇与风险综合评估结果。

7.5　面对"一带一路"沿线国家的机遇与风险,推进"一带一路"倡议发展对策建议

在"一带一路"倡议下,"一带一路"沿线国家的机遇与风险是交织并存的,机遇需要捕捉,风险需要防范。其具体措施有如下几个方面。

7.5.1　加强战略外交工作

1. 加强与"一带一路"沿线国家的外交沟通和国际事务间的合作

加强与"一带一路"沿线国家在外交领域的合作,加强在国际事务间的配合,促进中国与"一带一路"沿线国家的文化、宗教信仰、意识形态之间的沟通和融合,让外交走在大部分事务的前面。

2. 树立良好形象,做到项目可持续发展

树立良好形象,尊重当地的习俗和文化,遵守当地的禁忌,保护当地的环境,积极参与公益事业,培养当地员工的主人翁精神。通过以上的措施,树立起良好的中国企业形象,做到项目可持续发展。

3. 依法打击和消除破坏世界和平的因素

与"一带一路"沿线国家一道开展反恐怖主义、反种族歧视、反极端组织等

活动,矢志不移,依法打击和消除破坏世界和平的因素,形成合力,妥善解决"一带一路"沿线国家的地区热点问题,维护世界和平。

7.5.2 全力拓展主要机遇

1. 基础性设施方面带来的机遇

基础性设施在"一带一路"沿线国家的重大机遇,就是在交通基础设施领域,中国在"一带一路"倡议下,与"一带一路"沿线国家一起建设公路、桥梁、港口、机场、修建发电站等,这些交通基础设施能促进经济与贸易往来。

2. "一带一路"倡议下的互联互通带来更多的机遇

国际铁路、高铁运输、高速公路运输、国际货运航线、多条包机航线和国内全货机直飞航线极大缩短了货物滞留时间,降低了物流成本,促进了出口贸易发展。

3. 资源比较优势带来的机遇

中国与绝大多数"一带一路"沿线国家,在公路、高铁、电站等基础设施的建设能力、信息产业等方面都有比较优势。一般发展中国家要发展,最明显的瓶颈限制是基础设施。基础设施发展可以带来非常重大的机遇。

4. "一带一路"沿线国家市场需求带来的机遇

"一带一路"沿线国家市场需求和中国超大规模市场需求相互融合,"一带一路"沿线国家市场需求是中国发展的机遇,"一带一路"沿线国家市场需求的发展和开放为中国提供了广阔而又丰富的市场空间。

7.5.3 针对严重风险,加强规避

1. 密切关注"一带一路"危险区域的政治、经济、金融等方面动向

"一带一路"沿线国家面临很多不确定、不稳定的安全因素,比如南海问题、阿富汗问题、叙利亚问题、伊拉克问题、也门问题等。

2. 收集"一带一路"沿线国家危险区域的地理、资源、疾病、水文、气象等资料

自然灾害、公共卫生事件、疾病等非传统安全因素都会给"一带一路"沿线国家的投资带来风险。因此,收集危险区域的地理、资源、疾病、水文、气象等资料,有助于对这些问题建立预案和防范措施。

3. 逐步加强"一带一路"区域的国家力量存在

"一带一路"倡议要能够保持可持续发展,应该是一个系统工程,它不仅仅是企业的事情,也是国家的经济问题和外交问题,还应该包括政治和战略因素,必须以国家力量作为后盾。企业遇到各种极端风险的时候,需要坚强有力的保护措施。随着经济和外交的先行,应该逐步加强"一带一路"区域的国家力量存

在，切实保障中国企业在"一带一路"沿线国家的安全。

总之，每一个项目都伴随着机遇和风险，在"一带一路"项目上，如果积极拓展机遇，合理规避风险，那么，"一带一路"项目机遇会明显大于风险。

7.5.4 基于合作博弈的"一带一路"倡议下的海外利益保障

随着"一带一路"倡议的逐步实施，中国与"一带一路"沿线国家的互动也日益频繁，在"一带一路"国家的海外利益也明显增加，"一带一路"沿线国家有60多个，大多是发展中国家和经济新兴体，但是地理区域差异大，自然资源丰富多样，各国的经济文化条件也不一样，中国与"一带一路"沿线各个国家的利益共同点都有所不同，需要具体情况具体对待，并采取不同的措施，比如通过铁路、公路、航空、电力、通信等基础设施的互联互通建设，加强文化、教育的交流，贸易的互相往来，旅游的互相开发和对接，自然灾害的救援合作，突发事件的临机处置协调，自然资源的开发和深加工利用等。

基于合作博弈的"一带一路"沿线国家海外利益保障的战略重点应该着重推动与相关国家之间的投资贸易合作，为了更好地推动沿线国家的经济合作和贸易便利化，削弱沿线国家的贸易壁垒，中国企业应该与沿线国家就自贸区建设进行磋商，争取尽快达成各方都同意的协议，做大做好合作"蛋糕"，促使彼此的利益更大化。

从合作博弈的视角，打造"一带一路"倡议下的我国海外利益保障博弈新空间，认清并开拓这个战略新空间，采取合适的措施，将大幅度改善我国海外利益保障战略态势。越来越多的"一带一路"沿线国家突破"非敌即友"的框架，正在形成合作、竞争、对抗相互交织的战略舞台。中国的海外利益保障最切实的措施是将中国的海外利益与"一带一路"沿线国家利益相结合，与周边国家的利益相结合，与大国或者大经济圈的利益相结合，"我中有你，你中有我"，合作共赢。

第8章

总结与展望

本书中，第 1 章对研究背景、相关概念界定，以及国内外研究现状做了分析。

第 2 章概述了"一带一路"的顶层框架、"一带一路"沿线国家机遇与风险。

第 3 章建立了基于理想点法的"一带一路"沿线国家经济基础风险评估指标体系，利用收集的"一带一路"沿线国家经济基础的数据，对"一带一路"沿线国家的经济基础进行风险分析，针对各个国家的经济基础风险排序结果给出建议。

第 4 章把"一带一路"沿线国家的国家风险分为政治风险、金融风险、经济风险以及社会风险四个方面。对"一带一路"沿线国家的国家风险进行评估，首先选取合适的评估指标，然后采用层次分析法对各指标所占的权重进行确定。通过给出各指标的权重系数矩阵就可以得到各主要风险因素对国家风险的影响程度，并得出各个国家的风险等级。

第 5 章对我国东北、西北和西南方向的陆上能源通道建设概况进行系统梳理，包括已建成运营的、建设中的和待规划建设的能源通道。确立"风险＝损失×概率"的总体评估思路，从俄罗斯、哈萨克斯坦等 9 个通道沿线国家入手分析陆上能源通道风险概率，确定陆上能源通道沿线国家风险概率评估指标体系，构建评估模型并开展实证研究。最终以可视化的形式对各条陆上能源通道风险水平和变化趋势加以描述。

第 6 章基于 SWOT 方法研究"一带一路"沿线国家的机遇与风险。首先对"一带一路"沿线国家的内部优势与劣势以及外部机遇与威胁进行分析；接着构造 SWOT 矩阵，进行决策分析。

第 7 章建立了"一带一路"沿线国家机遇评估指标体系，并构建了基于 TOPSIS 方法的机遇和风险综合评估模型。

8.1 决策建议

第 3 章的研究结果表明，从总体上可以看出，"一带一路"沿线国家经济基础风险大小与对应国家的经济基础雄厚与单薄呈相关关系。"一带一路"沿线国家主要为新兴经济国家，相比较而言，其经济基础相对都比较单薄，需要外部资金的投入来促进本国的经济发展。

从经济风险的角度来看，一方面投资公司注重合作国家的选择，另一方面，投资公司注重合作的投资行业的选择，带动"一带一路"沿线国家的经济基础和经济结构的优化。

第 4 章的研究表明，中国企业对外投资时会遇到诸多风险，主要的风险还是来源于政治、金融、经济、社会风险。

政治风险控制策略，可以采取以下措施：

（1）投资前通过实地考察和咨询专家等方式，详细了解该国的政治形势、政府的工作效能、法律体系以及官员的腐败情况。

（2）了解该国周边区域的政治、经济形势。比如中东地区，形势较为复杂，周边国家的政治动荡或者某些危机极易影响到其他国家的政局稳定，所以在选择投资区域时应当极为慎重，尽量避开战争、政局动荡的区域。

（3）在投资前首要了解当地相关政策以及公关策略。在投资时不可盲目冒进，在投资方式上应当尽量采取合资的形式，这样可以减少本国排外情绪或者对相关法律政策的不了解而导致的损失。这使得合资方也承担一定风险，对某些敏感领域的投资就可以减少投资方的风险，在公关过程中也可以利用合资方的资源，形成双赢的局面。

金融、经济风险控制策略，可以采取以下措施：

（1）了解投资国经济发展水平、劳动力价格，以及经济发展潜力等基本经济情况，以便于将其经济发展情况与我国对比，在制定投资战略的时候可以选择符合他国和我国国情的策略，避免出现投资效率低下的情况。

（2）注意要对市场经济活跃度以及该国的消费者的主流消费观做较为客观的评估。尽量选择经济市场较为活跃、消费者消费观较为开放的国家进行投资，以此来规避未来可能出现的经济状况低迷的风险。

（3）在金融市场方面，首先要对投资国的金融市场的自由度进行分析。当有较大数目的投资时，首先要考虑的就是金融资产的安全性。因此要提前与投资国政府签订相关协定，注重资金的汇率波动、进出口比例以及税收的相关政策，避免在该国金融市场波动时造成资金的流失。

社会风险控制策略主要有以下几个方面：

（1）首先要注意的就是不同地区的国家间的文化差异。不同的文化可能会导致投资方与目标国对于某些重要方面的理解有所差异。比如在组织管理方式以及市场营销方面都需要进行本土化调整来适应当地的文化。

（2）对当地劳动力构成以及劳动力教育水平要有所了解。只有对人力资源情况有深入分析了解，才能处理好公司与劳动力之间的关系，避免一些劳务纠纷。坚持入乡随俗的管理模式又有助于提高生产效率和降低风险。

（3）在对社会动荡的国家进行投资时要尤为注意该国对华态度。及时了解该国社会结构变化以及舆论导向的变化有助于提前规避风险。

（4）企业在投资国应该积极履行社会责任，树立企业在公众面前的形象。在追求经济利益的同时也要注意可持续发展，保护当地自然、生态以及人文环境，积极融入当地社会，注重可持续发展，这样才能使得企业在"一带一路"沿线国家中取得长远发展和稳定发展。

第5章的实证研究结果对"一带一路"沿线国家能源通道的风险防范有参考价值。完善我国陆上能源通道的线路规划和输送量设计，可有效减少对海上通道的依赖，适当分散能源运输风险，这是保障我国能源供应安全的战略考量。本章针对我国陆上能源供应安全保障提出以下建议：① 科学制定我国陆上能源进口目标份额；② 分配保障资源；③ 规划后续通道线路；④ 科学设计后续规划通道的能源输送量。

第6章分析得出 SWOT 分析方法对于制定"一带一路"沿线国家的机遇捕捉和风险防范策略有重要的指导意义。

第7章基于"一带一路"沿线国家的机遇评价指标体系对于分析"一带一路"沿线国家的机遇有着重要的参考价值。

8.2 展望

总结已有的研究成果，以及对存在问题的分析，可以考虑从以下几个方面对"一带一路"沿线国家机遇与风险评估展开进一步研究：

（1）本书的数据还不是非常完备，所用的方法不一定非常恰当，得到的结论跟实际会有一定的差距，需要进一步收集、完善资料，并进行资料挖掘。另外，本书的主要内容由 2023 年 2 月完成结题的国家社会科学基金一般项目（批准号：17BGJ005，项目名称是《基于大数据分析的"一带一路"沿线国家机遇与风险评估研究》）凝练而成，后续的研究需要结合新的发展情况和资料，更新研究工作。

（2）还可以考虑用别的方法来进行评估，与已有的方法进行分析对比，以求得到更为全面的结论。

（3）要深入研究"一带一路"沿线国家的军事冲突风险。"一带一路"沿线国家中有很多是动荡和有争端的区域，深入研究其军事冲突风险对"一带一路"倡议实施有着十分重要的意义。

参考文献

[1] 李锋."一带一路"沿线国家的投资风险与应对策略[J].中国流通经济,2016,30(2):115-121.

[2] 方旖旎.中国企业对"一带一路"沿线国家基建投资的特征与风险分析[J].西安财经学院学报,2016,29(1):67-72.

[3] 肖方昕,张晓通.中国在非洲铁路建设的地缘政治风险及应对[J].国际关系研究,2020(3):39-67,155-156.

[4] 韩永辉,陈宇轩.埃及投资机遇及风险分析[J].中国国情国力,2020(7):63-64.

[5] 邹嘉龄,刘春腊,尹国庆,等.中国与"一带一路"沿线国家贸易格局及其经济贡献[J].地理科学进展,2015,34(5):598-605.

[6] 李丹,崔日明."一带一路"战略与全球经贸格局重构[J].经济学家,2015(8):62-70.

[7] 孙瑾,杨英俊.中国与"一带一路"主要国家贸易成本的测度与影响因素研究[J].国际贸易问题,2016(5):94-103.

[8] 李向阳.构建"一带一路"需要优先处理的关系[J].国际经济评论,2015(1):54-63,5.

[9] 于津平,顾威."一带一路"建设的利益、风险与策略[J].南开学报(哲学社会科学版),2016(1):65-70.

[10] 彭继增,柳媛,范艺君.我国对"一带一路"沿线国家直接投资区位选择的决定因素分析[J].江西社会科学,2017,37(4):43-51.

[11] 向东静."一带一路"战略下中国企业面临的风险与对策[J].时代金融,2017(2):166-167.

[12] 谭畅."一带一路"倡议下中国企业海外投资风险及对策[J].中国流通经济,2015,(7):114-118.

[13] 刘中民,朱威烈.中东地区发展报告:转型与动荡的二元变奏(2013年卷)[M].北京:时事出版社,2013.

[14] 蒋希蘅,程国强.国内外专家关于"一带一路"建设的看法和建议综述[J].中国外资,2014(19):30-33.

[15] 李艳双,曾珍香,张闽,等.主成分分析法在多指标综合评价方法中的应用[J].河北工业大学学报,1999,28(1),94-97.

[16] 张尼."丝绸之路经济带"构想仍有待深入研究[N].中国社会科学报,2014-01-03(A03).

[17] 邹嘉龄,刘春腊,尹国庆,等.中国与"一带一路"沿线国家贸易格局及其经济贡献[J].地理科学进展,2015,34(5):598-605.

[18] 王永中.中国对"一带一路"沿线国家投资风险评估[D].北京:中国社会科学院,2015.

[19] 周华任,张晟,穆松等.综合评价方法及其军事应用[M].北京:清华大学出版社,2015.

[20] 王义桅."一带一路":机遇与挑战[M].北京:人民出版社,2015.

[21] Giordano F R, Fox W P, Horton S B,等.数学建模[M].叶其孝,姜启源,等译.4版.北京:机械工业出版社,2009.

[22] 薛定宇,陈阳泉.高等应用数学问题的MATLAB求解[M].2版.北京:清华大学出版社,2008.

[23] 国家发展改革委,外交部,商务部.推动共建丝绸之路经济带和21世纪海上丝绸之路的愿景与行动:2015年3月[M].北京:人民出版社,2015.

[24] 司守奎,孙兆亮.数学建模算法与应用[M].2版.北京:国防工业出版社,2015.

[25] 卓金武.MATLAB在数学建模中的应用[M].2版.北京:北京航空航天大学出版社,2014.

[26] 李富兵,王建忠,颜春凤,等."一带一路"工业文明:能源合作[M].北京:电子工业出版社,2019.

[27] 中国社会科学院世界与经济研究所《世界能源中国展望》课题组.世界能源中国展望:2014—2015[M].北京:中国社会科学出版社,2015:54.

[28] 曹银亮.西部地区经济开放的产业结构变动效应研究[D].兰州:西北师范大学,2017:1.

[29] Razavi H, Bank W. Economic security and environmental aspects of energy supply: A conceptual framework for strategic analysis of fossil fuels [J]. Pacific Asia Regional Energy Security Project,1997,1-17.

[30] Greene D L, Jones D W, Leiby P N. The outlook for US oil dependence [J]. Energy Policy,1998,26(1):55-69.

[31] Jabir I. The shift in US oil demand and its impact on OPEC's market share[J]. Energy Economics,2001,23(6):659-666.

[32] Senouci A, Elabbasy M, Elwakil E, et al. A model for predicting failure of oil pipelines[J]. Structure and Infrastructure Engineering: Mainte-

nance, Management, Life-Cycle Design and Performance, 2014(23): 44.

[33] Wu J S, Zhou R, Xu S D, et al. Probabilistic analysis of natural gas pipeline network accident based on Bayesian network[J]. Journal of Loss Prevention in the Process Industries, 2017(46): 126-136.

[34] 自治区政府办公厅课题组,陈德峰. 我国陆上能源资源安全大通道战略研究[J]. 新疆金融,2008(S1):25-36.

[35] 黄文成,帅斌,杨卓倩. 中巴经济走廊对中国能源进口的战略意义分析[J]. 铁道经济研究,2016(2):34-37.

[36] 潜旭明."一带一路"倡议背景下中国的国际能源合作[J]. 国际观察,2017(3):129-146.

[37] 洪菊花,骆华松,梁茂林. 主体间性视角下的"一带一路"能源安全共同体研究[J]. 世界地理研究,2017,26(2):11-19.

[38] 周冉. 中国"外源性"能源安全威胁研究:基于非传统安全视角的识别、评估与应对[J]. 世界经济与政治论坛,2017(1):75-97.

[39] 吴玉杰,李军,李程. 国内外燃气管道失效率及失效原因对比与归纳[J]. 煤气与热力,2019,39(2):1-5,44-45.

[40] 吕敏,帅斌,张士行,等. 国家运输支撑力下的陆上丝绸之路运输通道风险测算方法[J]. 中国安全生产科学技术,2019,15(11):185-190.

[41] 王刚,周华任,姚佳."一带一路"倡议下西部陆上能源通道安全风险评估研究[J]. 石油天然气学报,2020,42(3):85-95.

[42] 刘诗昊."一带一路"背景下中国和中亚能源合作机制研究[D]. 兰州:兰州大学,2017.

[43] 邹磊. 中国"一带一路"战略的政治经济学[M]. 上海:上海人民出版社,2015.

[44] 陈元,钱颖一."一带一路"金融大战略[M]. 北京:中信出版社,2016.

[45] 孙志远."一带一路"战略构想的三重内涵[J]. 学习月刊,2015(1):43-44.

[46] 孔庆峰,董虹蔚."一带一路"国家的贸易便利化水平测算与贸易潜力研究[J]. 国际贸易问题,2015(12):158-168.

[47] 陈铮."一带一路"背景下 A 公司物流方案优化研究[D]. 苏州:苏州大学,2019.

[48] 蒋浩天."一带一路"背景下中欧班列的发展:挑战与应对[D]. 北京:外交学院,2021.

[49] 武芳.中国参与"一带一路"新能源合作的现状与展望[J].中国远洋海运,
2022(10):60-62,10.

[50] 李一丹,刘倩."一带一路"沿线国家信息产业对经济的促进作用研究[J].
中国经贸导刊(中),2018(23):8-10.

[51] 霍忻,包国军."一带一路"倡议下中国对外贸易的国别影响因素分析[J].
统计与决策,2022,38(18):161-165.

[52] 袁明哲.元宇宙与"一带一路"科技合作的机遇与挑战[J].产业创新研究,
2022(12):12-14.

[53] 谢五届,吴美菊,陶玉国."一带一路"倡议下中国城市旅游发展机遇与路径
[J].中国名城,2022,36(5):40-46.

[54] 卜晶晶."一带一路"倡议下中国与阿拉伯国家文化交流研究[J].中阿科技
论坛,2022(2):12-15.

[55] 张超."一带一路"带来的机遇、挑战与策略[J].合作经济与科技,2017
(17):12-13.

[56] 胡俊超,王丹丹."一带一路"沿线国家国别风险研究[J].经济问题,2016
(5):1-5.

[57] 赵澄澄."一带一路"视域下的跨文化传播策略[J].今传媒,2016,24(2):
155-157.

[58] 许利平,韦民,等.中国与周边国家的人文交流[M].北京:时事出版
社,2015.

[59] 包澄章.中国与阿拉伯国家人文交流的现状、基础及挑战[J].西亚非洲,
2019(1):140-160.

[60] 王紫薇,蔡红艳,段兆轩,等."一带一路"沿线地区自然灾害危险性与灾损
空间格局研究[J].地理研究,2022,41(7):2016-2029.

[61] 阴医文,汪思源,付甜."丝绸之路经济带"背景下中国对中亚直接投资:演
进特征、政治风险与对策[J].国际贸易,2019(6):79-86.

[62] 张晓通,许子豪."一带一路"海外重大项目的地缘政治风险与应对:概念与
理论构建[J].国际展望,2020,12(3):80-96,156.

[63] 陈积敏."一带一路"建设的地缘政治风险及战略应对[J].中国经贸导刊,
2017(21):9-12.

[64] 闵捷."一带一路"倡议下中国-伊拉克安全风险防范研究[J].世界宗教文
化,2018(5):27-32.

[65] 刘岚雨."一带一路"背景下阿富汗安全风险研究[J].新疆大学学报(哲学·人文社会科学版),2019,47(6):57-63.

[66] 陈群."一带一路"背景下经济安全风险分析及应对[J].经济研究导刊,2020(10):53-54.

[67] 王永沁."一带一路"背景下的海外投资法律风险及防范措施[J].法制博览,2020(1):210-211.

[68] 马梦琦,李芳."一带一路"倡议进程中的经济外交风险及应对策略研究[J].决策探索(下),2018(5):10.

[69] 王畅."一带一路"倡议下中国-伊朗安全风险防范研究[J].世界宗教文化,2018(1):26-31.

[70] 周伟,江宏飞."一带一路"对外直接投资的风险识别及规避[J].统计与决策,2020,36(16):123-125.

[71] 刘勇,姜彦杨."一带一路"视阈下中巴经济走廊的地缘风险及其应对[J].理论月刊,2019(12):122-127.

[72] 张凤,罗小娥."一带一路"战略下我国对外直接投资的风险与对策[J].西部皮革,2016,38(16):57-58.

[73] 李颖成.关于中亚塔吉克斯坦的安全风险探究[J].新西部,2019(2):62-63.

[74] 李巧洁,王棣华."一带一路"背景下国内企业对外投资风险评估与控制研究[J].国际商务财会,2020(11):25-29,33.

[75] 孙建军,李莉."一带一路"倡议沿线国投资风险评估:以新加坡等六国为例[J].现代营销(信息版),2020(1):12-14.

[76] 许勤华,蔡林,刘旭."一带一路"能源投资政治风险评估[J].国际石油经济,2017,25(4):11-21.

[77] 刘海猛,胡森林,方恺,等."一带一路"沿线国家政治-经济-社会风险综合评估及防控[J].地理研究,2019,38(12):2966-2984.

[78] 方旖旎."一带一路"倡议下中国企业对海外直接投资国的风险评估[J].现代经济探讨,2016(1):79-83.

[79] 刘文革,傅诗云,黄玉.地缘政治风险与中国对外直接投资的空间分布:以"一带一路"沿线国家为例[J].西部论坛,2019,29(1):84-97.

[80] 方慧,宋玉洁.东道国风险与中国对外直接投资:基于"一带一路"沿线43国的考察[J].上海财经大学学报,2019,21(5):33-52.

[81] 刘莉君.中国企业参与"一带一路"建设的境外安全风险评价[J].中国安全科学学报,2019,29(8):143-150.

[82] 李冰.中国对外直接投资国家风险实证研究:基于"一带一路"国家风险数据[J].现代商业,2016(11):97-98.

附录 1

判断矩阵的一致性检验代码

```
disp('请输入判断矩阵A(n阶)');
A=input('A=');
[n,n]=size(A);
x=ones(n,100);y=ones(n,100);m=zeros(1,100);
m(1)=max(x(:,1));
y(:,1)=x(:,1);
x(:,2)=A*y(:,1);
m(2)=max(x(:,2));
y(:,2)=x(:,2)/m(2);
p=0.0001;i=2;k=abs(m(2)-m(1));
while  k>p
   i=i+1;
   x(:,i)=A*y(:,i-1);
   m(i)=max(x(:,i));
   y(:,i)=x(:,i)/m(i);
   k=abs(m(i)-m(i-1));
end
a=sum(y(:,i));
w=y(:,i)/a;
t=m(i);
disp('w=');disp(w);
%以下是一致性检验
CI=(t-n)/(n-1);
RI=[0 0 0.52 0.89 1.12 1.26 1.36  1.41 1.46 1.49 1.52 1.54 1.56 1.58 1.59];
CR=CI/RI(n);
if CR<0.1
    disp('此矩阵的一致性可以接受!');
    disp('CI=');disp(CI);
    disp('CR=');disp(CR);
else
    disp('此矩阵的一致性不可以接受!');
```

附录 1 判断矩阵的一致性检验代码

End

将以上代码粘贴在 MATLAB 中。

输入判断矩阵 A

$$A=\begin{bmatrix} 1 & 1/3 & 1/3 & 1 \\ 3 & 1 & 1 & 2 \\ 3 & 1 & 1 & 3 \\ 1 & 1/2 & 1/3 & 1 \end{bmatrix}, 回车,结果如下:$$

得出:权重 $W=[0.1276,0.3475,0.3828,0.1420]$

$CR=0.0077$,判断矩阵通过一致性检验。

附录 2

陆上能源通道沿线国家原始指标数据

国家	年份	该国公民受教育水平	法治和公共财产保护意识	该国承包商施工水平	管道建制标准	物流绩效指数	地质灾害烈度
俄罗斯	2013	6.000	−0.78	0.750	4.200	2.610	2.108
	2014	6.000	−0.74	0.700	4.300	2.694	1.778
	2015	6.000	−0.76	0.700	3.900	2.630	2.318
	2016	6.000	−0.79	0.650	4.100	2.571	1.700
	2017	6.000	−0.79	0.650	4.400	2.665	1.526
	2018	6.000	−0.79	0.650	4.200	2.760	2.162
	2019	6.000	−0.79	0.650	4.100	2.820	1.310
哈萨克斯坦	2013	6.000	−0.69	0.100	3.800	2.660	2.288
	2014	6.000	−0.60	0.100	3.900	2.699	1.958
	2015	6.000	−0.44	0.100	4.300	2.725	2.498
	2016	6.000	−0.44	0.050	4.100	2.752	1.880
	2017	6.000	−0.41	0.050	4.050	2.780	1.706
	2018	6.000	−0.41	0.050	3.900	2.810	2.342
	2019	6.000	−0.41	0.050	4.050	2.830	1.490
乌兹别克斯坦	2013	4.000	−1.23	0.050	3.400	2.380	2.708
	2014	4.000	−1.13	0.050	3.450	2.395	2.378
	2015	5.000	−1.11	0.050	3.700	2.390	2.918
	2016	5.000	−1.11	0.050	3.600	2.405	2.300
	2017	5.000	−1.11	0.050	3.700	2.480	2.126
	2018	5.000	−1.11	0.050	3.900	2.580	2.762
	2019	5.000	−1.11	0.050	4.000	2.610	1.910
土库曼斯坦	2013	5.000	−1.39	0.020	2.800	2.230	2.408
	2014	5.000	−1.36	0.020	2.950	2.305	2.078
	2015	4.000	−1.42	0.020	3.050	2.260	2.618
	2016	4.000	−1.49	0.020	3.100	2.211	2.000
	2017	4.000	−1.49	0.020	2.950	2.310	1.826
	2018	4.000	−1.49	0.030	3.050	2.410	2.462
	2019	4.000	−1.49	0.030	3.100	2.430	1.610

附录2 陆上能源通道沿线国家原始指标数据

续表

国家	年份	该国公民受教育水平	法治和公共财产保护意识	该国承包商施工水平	管道建制标准	物流绩效指数	地质灾害烈度
塔吉克斯坦	2013	3.000	−1.25	0.000	1.300	2.450	3.908
	2014	3.000	−1.01	0.000	1.400	2.527	3.578
	2015	3.000	−1.06	0.000	1.250	2.350	4.118
	2016	3.000	−1.15	0.000	2.100	2.063	3.500
	2017	3.000	−1.35	0.000	2.400	2.250	3.326
	2018	3.000	−1.35	0.000	2.600	2.340	3.962
	2019	3.000	−1.35	0.000	2.700	2.520	3.110
吉尔吉斯斯坦	2013	4.000	−1.11	0.000	0.800	2.170	4.088
	2014	4.000	−1.01	0.000	0.900	2.209	3.758
	2015	4.000	−1.06	0.000	1.300	2.190	4.298
	2016	4.000	−1.15	0.000	1.400	2.156	3.680
	2017	4.000	−1.35	0.000	2.100	2.340	3.506
	2018	4.000	−1.35	0.000	2.200	2.550	4.142
	2019	4.000	−1.35	0.000	2.300	2.560	3.290
缅甸	2013	1.000	−1.23	0.000	2.100	2.140	3.368
	2014	1.000	−1.19	0.000	2.300	2.250	3.038
	2015	2.000	−1.24	0.000	2.200	2.310	3.578
	2016	2.000	−0.89	0.000	2.500	2.459	2.960
	2017	3.000	−0.95	0.000	2.700	2.420	2.786
	2018	3.000	−0.95	0.000	2.800	2.300	3.422
	2019	3.000	−0.95	0.000	2.700	2.410	2.570
巴基斯坦	2013	3.000	−0.86	0.000	1.600	2.740	3.008
	2014	3.000	−0.76	0.000	1.800	2.825	2.678
	2015	3.000	−0.77	0.000	2.200	2.900	3.218
	2016	3.000	−0.80	0.000	2.400	2.923	2.600
	2017	3.000	−0.72	0.000	2.500	2.560	2.426
	2018	3.000	−0.72	0.000	2.700	2.420	3.062
	2019	3.000	−0.72	0.000	2.800	2.560	2.210

续表

国家	年份	该国公民受教育水平	法治和公共财产保护意识	该国承包商施工水平	管道建制标准	物流绩效指数	地质灾害烈度
伊朗	2013	4.000	−1.00	0.500	3.200	2.640	3.728
	2014	4.000	−1.06	0.500	3.100	2.610	3.398
	2015	4.000	−0.92	0.500	2.900	2.530	3.938
	2016	4.000	−0.68	0.500	3.500	2.601	3.320
	2017	4.000	−0.68	0.500	3.400	2.720	3.146
	2018	4.000	−0.68	0.500	3.600	2.850	3.782
	2019	4.000	−0.68	0.500	3.700	2.860	2.930

国家	年份	公共部门有效性	该国私营部门参与的能源投资/10^8 美元	政局稳定性	政府廉洁度	双边政治关系	外部冲突指数
俄罗斯	2013	−0.300	4.800	7.080	1.500	0.900	9.000
	2014	−0.110	7.231	8.130	1.500	0.900	7.330
	2015	−0.200	2.820	8.580	1.500	0.900	6.540
	2016	−0.200	2.070	8.500	1.500	0.900	6.500
	2017	−0.080	1.610	8.500	1.500	0.930	6.500
	2018	−0.080	4.874	8.500	1.500	0.840	7.000
	2019	−0.080	6.523	7.000	1.500	0.870	7.000
哈萨克斯坦	2013	−0.530	3.000	8.710	1.500	0.890	11.000
	2014	−0.040	0.724	8.580	1.500	0.890	11.000
	2015	−0.070	0.230	8.000	1.500	0.890	11.000
	2016	−0.060	0.145	8.000	1.500	0.890	11.000
	2017	0.010	0.282	8.000	1.500	0.780	11.000
	2018	0.010	0.524	8.000	1.500	0.810	11.000
	2019	0.010	5.536	7.500	1.500	0.840	11.000

附录2 陆上能源通道沿线国家原始指标数据

续表

国家	年份	公共部门有效性	该国私营部门参与的能源投资/10^8美元	政局稳定性	政府廉洁度	双边政治关系	外部冲突指数
乌兹别克斯坦	2013	−0.910	0.738	6.580	1.500	0.690	11.000
	2014	−0.630	0.973	6.710	1.460	0.690	11.000
	2015	−0.670	1.233	8.000	1.000	0.690	11.000
	2016	−0.580	1.427	8.000	1.000	0.690	11.000
	2017	−0.560	1.683	7.750	1.000	0.680	11.000
	2018	−0.560	2.480	8.000	1.000	0.750	11.000
	2019	−0.560	0.120	8.000	1.000	0.790	11.000
土库曼斯坦	2013	−1.280	0.588	6.580	1.500	0.740	11.000
	2014	−0.840	0.400	6.710	1.460	0.740	11.000
	2015	−0.850	0.537	8.000	1.000	0.740	11.000
	2016	−1.130	0.543	8.000	1.000	0.740	11.000
	2017	−1.210	0.569	7.750	1.000	0.720	11.000
	2018	−1.210	0.611	8.000	1.000	0.720	11.000
	2019	−1.210	0.649	8.000	1.000	0.770	11.000
塔吉克斯坦	2013	−1.060	1.123	6.580	1.500	0.730	11.000
	2014	−0.780	0.717	6.710	1.460	0.730	11.000
	2015	−0.850	1.608	8.000	1.000	0.730	11.000
	2016	−1.030	1.784	8.000	1.000	0.730	11.000
	2017	−1.120	1.934	7.750	1.000	0.670	11.000
	2018	−1.120	2.267	8.000	1.000	0.750	11.000
	2019	−1.120	2.250	8.000	1.000	0.760	11.000
吉尔吉斯斯坦	2013	−0.650	0.399	6.580	1.500	0.740	11.000
	2014	−0.780	0.464	6.710	1.460	0.740	11.000
	2015	−0.850	0.515	8.000	1.000	0.740	11.000
	2016	−1.030	0.580	8.000	1.000	0.740	11.000

续表

国家	年份	公共部门有效性	该国私营部门参与的能源投资/10^8美元	政局稳定性	政府廉洁度	双边政治关系	外部冲突指数
吉尔吉斯斯坦	2017	−1.120	0.635	7.750	1.000	0.670	11.000
	2018	−1.120	0.603	8.000	1.000	0.730	11.000
	2019	−1.120	0.641	8.000	1.000	0.780	11.000
缅甸	2013	−1.500	1.700	9.750	1.500	0.630	9.920
	2014	−1.280	2.063	9.000	1.500	0.630	9.460
	2015	−1.240	2.425	8.580	1.500	0.630	9.000
	2016	−0.980	2.788	7.630	1.630	0.630	9.000
	2017	−1.050	3.150	6.750	2.000	0.620	9.000
	2018	−1.050	2.930	6.500	2.000	0.720	9.000
	2019	−1.050	2.841	7.500	2.000	0.780	8.500
巴基斯坦	2013	−0.790	3.501	7.170	2.000	0.910	8.790
	2014	−0.760	6.167	7.170	2.000	0.910	9.460
	2015	−0.670	8.833	6.000	2.000	0.910	9.000
	2016	−0.640	16.884	6.380	2.000	0.910	9.000
	2017	−0.580	60.977	6.290	2.000	0.900	9.000
	2018	−0.580	11.822	6.000	2.000	0.890	8.500
	2019	−0.580	29.766	6.000	2.000	0.910	8.500
伊朗	2013	−0.680	0.228	5.710	1.500	0.730	5.630
	2014	−1.110	0.605	6.330	1.500	0.730	6.710
	2015	−1.250	0.956	7.170	1.500	0.730	8.080
	2016	−1.270	1.008	7.000	1.500	0.730	8.460
	2017	−1.270	0.945	7.670	1.500	0.730	8.040
	2018	−1.270	1.372	7.500	1.500	0.730	8.000
	2019	−1.270	1.456	7.000	1.500	0.770	6.500

附录2 陆上能源通道沿线国家原始指标数据

国家	年份	人均GDP /10³ 美元	贸易开放度	汇率波动程度	贸易依赖度	公共债务/GDP
俄罗斯	2013	14.070	47.110	3.120	0.012	16.070
	2014	9.260	46.190	15.870	0.019	16.380
	2015	8.720	47.780	9.390	0.025	16.080
	2016	10.750	49.350	7.110	0.027	15.470
	2017	11.290	46.300	1.760	0.020	14.610
	2018	11.160	46.760	6.300	0.020	16.490
	2019	11.310	51.510	1.660	0.022	13.900
哈萨克斯坦	2013	12.710	73.720	0.860	0.144	14.500
	2014	10.440	65.410	4.320	0.130	21.880
	2015	7.660	64.970	22.730	0.139	19.680
	2016	8.970	53.050	2.930	0.188	20.350
	2017	9.400	60.310	2.810	0.214	21.010
	2018	9.140	60.620	5.740	0.102	20.760
	2019	9.670	71.040	0.920	0.130	20.000
乌兹别克斯坦	2013	2.510	59.820	3.080	0.305	6.420
	2014	2.620	57.480	2.830	0.500	7.080
	2015	2.580	35.950	3.920	0.440	8.630
	2016	1.810	30.440	3.760	0.461	20.230
	2017	1.550	29.750	39.630	0.360	20.650
	2018	1.830	45.680	2.040	0.330	23.330
	2019	2.090	67.850	3.910	0.305	23.320
土库曼斯坦	2013	7.960	109.330	0.000	0.305	16.810
	2014	6.430	98.590	0.000	0.500	21.820
	2015	6.410	91.090	0.000	0.440	24.070
	2016	6.640	81.300	0.000	0.461	28.820
	2017	7.060	62.030	0.000	0.360	29.140
	2018	7.820	53.580	0.000	0.330	30.300
	2019	8.990	35.160	0.000	0.305	30.350

续表

国家	年份	人均GDP/10³ 美元	贸易开放度	汇率波动程度	贸易依赖度	公共债务/GDP
塔吉克斯坦	2013	1.110	83.180	0.130	0.305	27.650
	2014	0.920	71.740	2.400	0.500	34.690
	2015	0.800	54.610	7.480	0.440	442.090
	2016	0.800	52.730	1.450	0.461	50.390
	2017	0.830	54.970	4.170	0.360	47.920
	2018	0.880	56.640	2.910	0.330	45.440
	2019	0.910	58.600	0.000	0.305	50.660
吉尔吉斯斯坦	2013	1.290	139.680	1.050	0.305	53.600
	2014	1.130	134.030	4.410	0.500	67.090
	2015	1.130	125.130	8.060	0.440	59.070
	2016	1.250	110.960	3.810	0.461	58.790
	2017	1.290	105.820	0.800	0.360	56.030
	2018	1.290	100.620	0.820	0.330	56.350
	2019	1.340	101.120	0.090	0.330	55.510
缅甸	2013	1.230	22.380	5.210	0.961	37.610
	2014	1.220	38.580	2.180	0.536	37.100
	2015	1.160	42.260	9.250	0.455	39.820
	2016	1.170	47.360	4.520	0.452	35.170
	2017	1.300	36.960	0.280	0.428	38.160
	2018	1.240	47.950	6.750	0.306	38.740
	2019	1.350	52.700	0.500	0.330	47.760
巴基斯坦	2013	1.310	32.810	3.770	0.174	63.470
	2014	1.420	33.330	2.430	0.192	63.320
	2015	1.440	30.900	1.470	0.238	67.630
	2016	1.540	27.650	0.070	0.248	67.050
	2017	1.570	25.310	1.070	0.220	71.690
	2018	1.390	25.790	7.410	0.173	76.730
	2019	1.460	27.970	5.770	0.214	79.130

附录2 陆上能源通道沿线国家原始指标数据

续表

国家	年份	人均GDP /10³ 美元	贸易开放度	汇率波动程度	贸易依赖度	公共债务/GDP
伊朗	2013	5.400	47.370	33.490	0.168	11.820
	2014	4.720	50.330	2.900	0.129	38.420
	2015	5.030	44.600	3.360	0.162	47.470
	2016	5.290	39.020	2.280	0.236	39.530
	2017	5.420	43.210	3.400	0.275	32.180
	2018	5.510	48.780	5.560	0.053	30.670
	2019	5.500	33.180	0.000	0.129	27.260

国家	年份	外债/外汇储备	银行业不良资产比重	内部冲突指数	恐怖主义风险指数	社会安全
俄罗斯	2013	118.520	6.590	4.000	6.850	8.900
	2014	143.140	6.030	4.000	6.760	0.850
	2015	153.850	6.000	4.000	6.207	0.870
	2016	140.540	6.730	4.000	5.430	1.040
	2017	134.210	8.350	4.000	5.429	1.040
	2018	120.930	9.440	4.000	5.230	1.040
	2019	95.740	10.000	4.000	4.900	1.040
哈萨克斯坦	2013	500.000	20.670	3.000	2.840	0.700
	2014	600.000	19.390	3.000	2.370	2.000
	2015	551.720	19.470	3.000	1.881	1.740
	2016	535.710	12.390	3.000	0.934	1.550
	2017	533.330	7.950	3.500	2.950	1.550
	2018	548.390	6.720	4.000	2.228	1.550
	2019	516.130	9.310	4.000	1.566	1.550

续表

国家	年份	外债/外汇储备	银行业不良资产比重	内部冲突指数	恐怖主义风险指数	社会安全
乌兹别克斯坦	2013	39.570	0.710	5.000	0.270	3.200
	2014	47.830	0.530	5.000	0.140	2.000
	2015	54.170	0.410	5.000	0.000	1.740
	2016	58.330	0.390	5.000	0.154	1.550
	2017	61.540	0.420	4.500	0.077	1.550
	2018	60.710	0.440	4.000	0.038	1.550
	2019	66.670	0.430	4.000	0.019	1.550
土库曼斯坦	2013	1.880	20.670	3.000	0.000	4.300
	2014	1.880	19.390	3.000	0.000	2.000
	2015	1.510	19.470	3.000	0.000	1.740
	2016	1.390	12.390	3.000	0.000	1.550
	2017	2.040	7.950	3.000	0.000	1.550
	2018	3.130	6.720	3.000	0.000	1.550
	2019	3.500	9.310	3.000	0.000	1.550
塔吉克斯坦	2013	730.160	7.190	5.000	2.660	1.400
	2014	742.420	9.460	5.000	1.990	2.000
	2015	1000.000	13.180	5.000	1.869	1.740
	2016	979.590	20.390	5.000	3.086	1.550
	2017	750.000	17.140	5.000	2.427	1.550
	2018	423.080	17.720	5.000	2.223	1.550
	2019	461.540	17.810	5.000	3.947	1.550
吉尔吉斯斯坦	2013	280.950	9.400	6.000	0.200	3.600
	2014	304.550	6.550	6.000	0.100	3.740
	2015	365.000	5.090	6.000	1.722	5.180
	2016	427.780	4.180	6.000	1.445	4.490
	2017	395.000	6.740	5.500	1.989	4.490
	2018	368.180	8.520	5.000	1.719	4.490
	2019	368.180	7.370	5.000	1.467	4.490

附录 2　陆上能源通道沿线国家原始指标数据

续表

国家	年份	外债/外汇储备	银行业不良资产比重	内部冲突指数	恐怖主义风险指数	社会安全
缅甸	2013	148.650	2.290	8.000	4.220	2.500
缅甸	2014	159.090	2.220	8.000	4.240	2.370
缅甸	2015	311.110	2.300	8.000	4.080	2.200
缅甸	2016	304.350	1.620	8.000	4.167	2.270
缅甸	2017	285.820	1.590	8.500	4.956	2.270
缅甸	2018	288.460	2.130	9.000	5.916	2.270
缅甸	2019	267.860	2.070	9.000	5.512	2.270
巴基斯坦	2013	457.140	16.210	9.000	9.140	7.800
巴基斯坦	2014	792.210	14.470	9.000	9.370	7.160
巴基斯坦	2015	457.140	12.990	9.000	9.065	5.010
巴基斯坦	2016	340.000	12.270	9.000	8.613	4.410
巴基斯坦	2017	345.450	11.360	9.000	8.400	4.410
巴基斯坦	2018	494.440	10.060	9.000	8.181	4.410
巴基斯坦	2019	825.000	8.430	9.000	7.889	4.410
伊朗	2013	429.060	11.800	5.000	5.000	4.800
伊朗	2014	400.460	13.470	5.000	4.900	2.000
伊朗	2015	331.810	15.120	4.500	4.222	1.740
伊朗	2016	290.510	14.170	4.000	3.946	1.550
伊朗	2017	167.080	13.710	4.500	3.714	1.550
伊朗	2018	154.130	11.780	5.000	4.399	1.550
伊朗	2019	120.620	10.050	5.000	4.717	1.550

附录3

关联系数矩阵、各层指标权重及一致性检验MATLAB计算

```
clc;
clear all;
% 1.输入矩阵
x=xlsread('data.xlsx');
x=x(:,1:end);                      % 矩阵
column_num=size(x,2);
index_num=size(x,1);
% 2.提取参考队列和比较队列
ck=x(1,:)                          % 第一行为参考列
cp=x(2:end,:)                      % 后边的为比较列
cp_index_num=size(cp,1);           % 新矩阵的行数为比较列的行数
% 3.比较队列与参考队列相减
for j=1:cp_index_num
    t(j,:)=cp(j,:)-ck;
end
% 4.求最大差和最小差
mmax=max(max(abs(t)))
mmin=min(min(abs(t)))
rho=0.5;
% 5.求关联系数矩阵
ksi=((mmin+ rho* mmax)/(abs(t)+rho* mmax))
% 微观层面指标权重计算及一致性检验
clc;
clear;
A=[1 1/5 1/3 1/4
5 1 3 2
3 1/3 1  1/2
4 1/2 2  1];
[m,n]=size(A);                     % 获取指标个数
RI=[0 0 0.58 0.90 1.12 1.24 1.32 1.41 1.45 1.49 1.51];
R=rank(A);
[V,D]=eig(A);
```

附录3 关联系数矩阵、各层指标权重及一致性检验 MATLAB 计算

```
tz=max(D);
B=max(tz);                     % 最大特征值
[row, col]=find(D==B);         % 最大特征值所在位置
C=V(:,col);                    % 对应特征向量
CI=(B-n)/(n-1);                % 计算一致性检验指标 CI
CR=CI/RI(1,n);
if CR< 0.10
    disp('CI=');disp(CI);
    disp('CR=');disp(CR);
    disp('对比矩阵 A 通过一致性检验,各向量权重向量 Q 为:');
    Q=zeros(n,1);
    for i=1:n
        Q(i,1)=C(i,1)/sum(C(:,1));  % 特征向量标准化
    end
    Q
else
    disp;
end

% 设施条件
clc;
clear;
A= [1 1/5 1/3
5 1 3
3 1/3 1];
[m,n]=size(A);
RI=[0 0 0.58 0.90 1.12 1.24 1.32 1.41 1.45 1.49 1.51];
R=rank(A);
[V,D]=eig(A);
tz=max(D);
B=max(tz);
[row, col]=find(D==B);
```

```
C=V(:,col);
CI=(B-n)/(n-1);
CR=CI/RI(1,n);
if CR<0.10
    disp('CI=');disp(CI);
    disp('CR=');disp(CR);
    disp;
    Q=zeros(n,1);
    for i=1:n
        Q(i,1)=C(i,1)/sum(C(:,1));
    end
    Q
else
    disp;
end

% 管理水平
clc;
clear;
A=[1 1/4 1/3 1/3
4 1 2 2
3 1/2 1 1
3 1/2 1 1];
[m,n]=size(A);
RI=[0 0 0.58 0.90 1.12 1.24 1.32 1.41 1.45 1.49 1.51];
R=rank(A);
[V,D]=eig(A);
tz=max(D);
B=max(tz);
[row,col]=find(D==B);
C=V(:,col);
CI=(B-n)/(n-1);
```

```
CR=CI/RI(1,n);
if CR<0.10
    disp('CI=');disp(CI);
    disp('CR=');disp(CR);
    disp;
    Q=zeros(n,1);
    for i=1:n
        Q(i,1)=C(i,1)/sum(C(:,1));
    end
    Q
else
    disp;
end

% 宏观因素层面
clc;
clear;
A=[1 3 3
1/3 1 1
1/3 1 1];
[m,n]=size(A);
RI=[0 0 0.58 0.90 1.12 1.24 1.32 1.41 1.45 1.49 1.51];
R=rank(A);
[V,D]=eig(A);
tz=max(D);
B=max(tz);
[row, col]=find(D= = B);
C=V(:,col);
CI=(B-n)/(n-1);
CR=CI/RI(1,n);
if CR<0.10
    disp('CI=');disp(CI);
```

```
        disp('CR=');disp(CR);
        disp;
        Q=zeros(n,1);
        for i=1:n
            Q(i,1)=C(i,1)/sum(C(:,1));
        end
        Q
else
    disp;
end

% 政治环境层面
clc;
clear;
A=[1 2 3 5 4
1/2 1 2 4 3
1/3 1/2 1 3 2
1/5 1/4 1/3 1 1/2
1/4 1/3 1/2 2 1];
[m,n]=size(A);
RI=[0 0 0.58 0.90 1.12 1.24 1.32 1.41 1.45 1.49 1.51];
R=rank(A);
[V,D]=eig(A);
tz=max(D);
B=max(tz);
[row,col]=find(D==B);
C=V(:,col);
CI=(B-n)/(n-1);
CR=CI/RI(1,n);
if CR<0.10
    disp('CI=');disp(CI);
    disp('CR=');disp(CR);
```

附录3 关联系数矩阵、各层指标权重及一致性检验 MATLAB 计算

```
    disp;
    Q=zeros(n,1);
    for i=1:n
        Q(i,1)=C(i,1)/sum(C(:,1));
    end
    Q
else
    disp;
end

% 经济环境层面
clc;
clear;
A=[1 2 1/3 1/2 1 3;
1/2 1 1/4 1/3 1/2 2;
3 4 1 2 3 5;
2 3 1/2 1 2 4;
1 2 1/3 1/2 1 3;
1/3 1/2 1/5 1/4 1/3 1];
[m,n]= size(A);
RI=[0 0 0.58 0.90 1.12 1.24 1.32 1.41 1.45 1.49 1.51];
R=rank(A);
[V,D]=eig(A);
tz=max(D);
B=max(tz);
[row, col]=find(D==B);
C=V(:,col);
CI=(B-n)/(n-1);
CR=CI/RI(1,n);
if CR<0.10
    disp('CI=');disp(CI);
    disp('CR=');disp(CR);
```

```
    disp;
    Q=zeros(n,1);
    for i=1:n
        Q(i,1)=C(i,1)/sum(C(:,1));
    end
    Q
else
    disp
end

clc;
clear;
A=[1 1/2 3
2 1 4
1/3 1/4 1];
[m,n]=size(A);
RI=[0 0 0.58 0.90 1.12 1.24 1.32 1.41 1.45 1.49 1.51];
R=rank(A);
[V,D]=eig(A);
tz=max(D);
B=max(tz);
[row,col]=find(D==B);
C=V(:,col);
CI=(B-n)/(n-1);
CR=CI/RI(1,n);
if CR<0.10
    disp('CI=');disp(CI);
    disp('CR=');disp(CR);
    disp;
    Q=zeros(n,1);
    for i=1:n
        Q(i,1)=C(i,1)/sum(C(:,1));
```

```
    end
    Q
else
    disp;
end
```

主要阶段性成果

1. 周华任,倪艳,王刚,等. 基于合作博弈的"一带一路"倡议下的海外利益保障研究[C]//海外利益安全高端论坛论文集(上册). 北京:兵器工业出版社,2019:363-366.

2. Zhou H R, Wang G, Yao J, et al. Investment risk assessment and control strategy about countries along "the belt and road" based on the TOPSIS methods[C]//Advances in Intelligent Systems and Computing. Berlin:Springer,2019:79-85.

3. 王刚,周华任,姚佳."一带一路"倡议下西部陆上能源通道安全风险评估研究[J]. 石油天然气学报,2020(3):85-95.

4. 王刚,周华任,倪艳,等."一带一路"倡议下我国海外利益安全保障能力重点研究[C]//海外利益安全高端论坛论文集(上册). 北京:兵器工业出版社,2019:359-362.

5. 王刚,周华任,刘玮. 基于定量评估的陆上能源通道安全风险实证研究[C]//第八届中国统计学年会. 成都:西南财经大学,2020.

6. 王刚."一带一路"倡议下我国陆上能源通道风险评估研究[D]. 南京:陆军工程大学,2020.